IVAN BARASNEVICIUS
JAZZ
HARMONIA e IMPROVISAÇÃO

Nº Cat.: 393-M

Irmãos Vitale S.A. Indústria e Comércio
www.vitale.com.br
Rua França Pinto, 42   Vila Mariana   São Paulo   SP
CEP: 04016-000 Tel.: 11 5081-9499 Fax: 11 5574-7388

© Copyright 2007 by Irmãos Vitale S.A. Ind. e Com. - São Paulo - Brasil
Todos os direitos autorais reservados para todos os países. *All rights reserved.*

B18j
Barasnevicius, Ivan, 1979-
    Jazz: harmonia e improvisação / Ivan Barasnevicius. - São Paulo:
    Irmãos Vitale, 2009.
    149p. : música

ISBN 978-85- 7407-242-5

1. Harmonia (Música). 2. Improvisação (Música). 3. Arranjo (Música) - Instrução e ensino. 4. Jazz. I. Título. II. Título: Harmonia e improvisação.
08-5572.   CDD: 781.4
                                             CDU: 781.6
18.12.08   05.01.09   010322

CRÉDITOS

Capa, projeto gráfico e editoração: Marcia Fialho
Figura na página 91: Eurico Kenji Sakamoto
Pré-revisão ortográfica: Ana Nilce Rodrigues
Revisão ortográfica: Marcos Roque
Gerente de projeto: Denise Borges
Produção executiva: Fernando Vitale

SUMÁRIO

Dedicatória	5
Agradecimentos	6
Prefácio	7
Apresentação	9
Cap. 1: Tipos de campos harmônicos e seus modos	11
Cap. 2: Notas evitadas	15
Cap. 3: Funções harmônicas	21
Cap. 4: Cadências harmônicas	23
Cap. 5: Movimentos harmônicos	31
Cap. 6: Os dominantes secundários	35
Cap. 7: O dominante substituto (SUB V)	49
Cap. 8: Outras possibilidades para acordes dominantes	57
Cap. 9: O subdominante menor	59
Cap. 10: Acordes diminutos	71
Cap. 11: Escalas dom-dim e diminuta	75
Cap. 12: Acordes aumentados	79
Cap. 13: Escala de tons inteiros	81
Cap. 14: Modulação	89
Cap. 15: Modalismo	105
Cap. 16: Harmonia quartal	127
Cap. 17: Escalas pentatônicas	133
Cap. 18: A elaboração do improviso	139
Conclusão	147
Referências	149

DEDICATÓRIA

À Ana Nilce Rodrigues, pelo exemplo de vida.
À memória de Ringo Star Barasnevicius, por toda a alegria proporcionada ao longo de quase 17 anos de existência.
À minha família.
Aos amigos de verdade.

AGRADECIMENTOS

A todos que contribuíram, direta ou indiretamente, de forma positiva para a realização deste livro.
Aos mestres Paulo Tiné, Marisa Ramires e Zeli.
Aos amigos Demma K., Itamar Collaço e Fernando Savaglia.
À Dé Bermudez, pelo amor, pela paciência, colaboração e incomparável musicalidade.
À Editora Irmãos Vitale, pelo crédito ao meu trabalho.
Ao Flávio Carrara De Capua, pelas sugestões para este livro.
Ao Eloi Venegas e a todos os professores e alunos do Centro Musical Venegas Music.

PREFÁCIO

Criado em 1970, o Departamento de Música da USP certamente não foi a primeira faculdade superior de música em São Paulo, já que o inicialmente chamado Instituto Superior Musical Santa Marcelina tinha esse *status* em 1935. Entretanto, tratava-se inicialmente de um curso destinado a mulheres, futuras professoras de piano. Foi somente naquela década de 1970 que o próprio Instituto passou a formar pessoas do sexo masculino e, então, a acompanhar o surgimento de outras escolas de música de nível superior, como a Faculdade de Artes Alcântara Machado (FAAM-SP).

O final da década de 1960 e início da década seguinte foi marcado pela expansão dos instrumentos elétricos no Brasil com o advento do rock, da contracultura dos *hippies* e do eco brasileiro a esse sopro temporal, a Tropicália. Naquela época, como bem me contou o guitarrista Wesley Caesar, os jovens que ansiavam pelas novidades musicais não tinham nenhum acesso às informações de como se fazia essas músicas e, mesmo a experiência anterior da bossa-nova não ajudou muito essas pessoas. O máximo que se conseguiu foi a adoção do modelo de cifra americano que, na verdade, é uma cifra germânica, ou seja, de origem alemã.

Na década mencionada era praticamente impensável que músicos ligados a esses instrumentos elétricos e aos gêneros musicais que os acompanhavam procurassem institutos superiores ligados à música clássica, ainda que a tendência do departamento da ECA-USP fosse pautada pelas vanguardas da música concreta e eletroacústica. Apesar disso, aos poucos, músicos chamados populares, ainda que esse rótulo possa ser discutido, terminaram por procurar tais institutos. Músicos como Nelson Ayres, muitos integrantes do Premeditando o Breque e Arrigo Barnabé, ainda que não tenham concluído o curso, passaram, por exemplo, pelo departamento da ECA. O próprio Garoto foi aluno de João Sepe, professor de harmonia do Instituto Marcelino e autor de um método sobre o assunto, obviamente fora da instituição já que, em sua época, a mesma era vedada aos homens.

Entretanto, essas instituições não preenchiam as lacunas e necessidades de tais alunos, pois se pautavam na metodologia ligada a um outro fazer musical. Ainda que muitas informações adquiridas nesses cursos tenham levado esses músicos a incorporar novas técnicas em suas atividades musicais, tais fusões se deram mais no nível criativo do que no pedagógico. Nesse contexto, a partir dos anos 1980, uma enorme quantidade de músicos passou a ter tais vivências dissociadas, quer dizer, uma experiência prática completamente diversa da teórica já que tocavam uma música e estudavam outra. Necessário dizer também que, nessa década e, a partir de então cada vez mais, as preciosas informações de que aqueles roqueiros do final dos anos 1960 e início dos 70 necessitavam, passaram a chegar mais intensamente da terra do Tio Sam. É possível que nem os próprios americanos a tivessem estruturado minuciosamente naquela época. Livros, métodos, pessoas que cursavam Berklee e GIT traziam um bocado de novidade.

Entretanto, isso não mudou a natureza dissociada das vivências. Mesmo no terreno acadêmico houve acréscimos. Se o ensino de harmonia era baseado, principalmente, em Hindemith e Koellreuter, cada vez mais as pessoas foram buscando informações adicionais em Walter Piston, Zamacois, Schoenberg e outros. Em 1989 foi criado o primeiro curso de música popular do Brasil pelo Instituto de Artes da Unicamp e, a partir de então, as próprias instituições mencionadas (com exceção da USP) criaram departamentos próprios.

É somente agora que começa a acontecer uma síntese, não mais dentro do terreno artístico, mas no que poderíamos chamar pedagógico-acadêmico, aqui falando mais especificamente do ensino de harmonia. Para que se faça justiça é preciso citar a dissertação de mestrado pela UNESP de Sérgio Paulo Ribeiro de Freitas que, inexplicavelmente não publicada, abordou a questão em 1995.[1] Quer dizer, pessoas que passaram por tais experiências dissociadas começaram a propor sínteses pessoais de tais vivências e isso para benefício de todos. O trabalho de Ivan Barasnevicius é, possivelmente, o mais completo trabalho publicado a abordar o assunto. Trata de ensinar os principais tópicos de harmonia fundamentando-os nas aulas que teve na FAAM-SP e ancorá-los nos conhecimentos de improvisação adquiridos na mesma instituição, e em cursos extras. Ou seja, de certa forma, ele é fruto de uma experiência coletiva, da angústia experimentada pelos professores das gerações anteriores, entre os quais eu me incluo, e da síntese almejada e passada adiante. Obviamente há muitos méritos do autor, pois, passar tais conhecimentos pra frente demandou extrema atenção e dedicação por parte dele.

Paulo Tiné – Guitarrista, arranjador, educador musical.
São Paulo, setembro de 2007.

---

[1] *Teoria da harmonia na música popular.*

APRESENTAÇÃO

Este livro tem como objetivo mostrar ao aluno quais são os procedimentos mais utilizados por improvisadores, compositores e arranjadores para escolher quais escalas devem ser utilizadas para conduzir, harmonizar e improvisar, e quais os critérios para se analisar harmonicamente uma peça. Trata-se de um guia para o aluno que deseja aprofundar-se em temas como arranjo e improvisação jazzística.

Todavia, o critério básico mostra, de maneira objetiva e prática, porém aprofundada, os motivos pelos quais uma determinada escala (ou acorde) foi aplicada em tal situação. Ou seja, não se trata de analisar os procedimentos de maneira superficial, mostrando apenas qual escala será usada num determinado momento. Vale ressaltar que, em alguns momentos, podemos chegar a diferentes resultados analíticos para um mesmo trecho musical, já que alguns acordes podem ter uma função não muito clara dentro do contexto com o qual estão envolvidos. Nestas ocasiões, o aluno pode encontrar no livro, quando necessário, duas opções para a análise de um mesmo trecho ou pelo menos uma segunda forma de análise comentada. O que está descrito e exemplificado neste livro não é, de forma alguma, algo absoluto: antes de qualquer coisa, deve-se levar em consideração que podem existir diversas formas de análise para uma mesma peça. De qualquer maneira, procurou-se considerar neste livro as opções mais lógicas, mais musicais e mais utilizadas por improvisadores, compositores e arranjadores.

Para que o estudante aproveite este material da melhor forma possível, é essencial estar atento aos pré-requisitos para o estudo de harmonização e improvisação: aqui não vamos tratar das formações das escalas mais utilizadas (tais como a maior, a menor natural, a menor harmônica e a menor melódica), nem das tipologias de acordes mais usuais (como tríades e tétrades, e suas inversões, assim como os seus respectivos arpejos) ou de assuntos como a digitação dessas escalas no braço do instrumento ou a formação e inversão de intervalos. Não são tratadas tais questões por julgar-se que já existe um grande número de métodos de qualidade disponíveis no mercado tratando desses assuntos. Procurou-se, portanto, aproveitar o espaço disponível para tratar de assuntos menos explorados, e nem por isso menos importantes, tais como harmonia quartal, modalismo, dom-dim e modulação, entre outros, e que certamente são essenciais para o músico que pretende ter uma boa formação e possa avançar em seus estudos: como citado no início, este livro tem como objetivo mostrar-se como um guia para o estudante que pretende se especializar em áreas como arranjo e improvisação jazzística.

Como ferramenta para um melhor entendimento dos procedimentos utilizados para a construção de solos e improvisos, o leitor poderá encontrar no livro a análise harmônica e melódica de diversos temas de jazz e música brasileira. Tal abordagem não faz com que o método se torne, do ponto de vista tradicional, um manual de composição ou análise musical (todavia, é um fato que a improvisação possa ser considerada como uma das mais usuais formas de composição, dependendo da conotação que se quer dar para esses termos). Tais detalhamentos apenas têm como objetivo mostrar que uma minuciosa visualização da maneira como os grandes compositores estruturam suas peças pode ser de grande valia para uma construção coerente das nossas próprias improvisações, já que, muitas vezes, torna-se tarefa difícil separar o que é essencial para o estudo da composição ou da improvisação e, certamente, é um grande engano desvincular um estudo aprofundado de harmonia e improvisação sem trabalhar aspectos estruturais de forma, ritmo e melodia.

É importante ressaltar também que as harmonias e melodias utilizadas como exemplos para análise neste livro podem ser encontradas em outros livros com diversas variações, dependendo da edição. Portanto, a maneira como as músicas foram transcritas neste método, a exemplo do que foi citado sobre as suas respectivas análises, não é, de forma nenhuma, absoluta: diversas outras possibilidades de rítmica, harmonia e melodia podem ser consideradas viáveis e também largamente utilizadas. Algo semelhante pode acontecer com certas nomenclaturas e enarmonizações de intervalos: algumas estruturas de escalas podem ser encaradas de maneiras distintas em outros métodos, como, por exemplo, a alterada ou o mixo 9♭/13♭, o que certamente configura um impasse dentro da estruturação de certos aspectos da teoria musical, já que certas confusões neste campo são bastante arraigadas. Situação semelhante acontece com os acordes diminutos, onde muitas vezes são aplicadas enarmonizações sem nenhum cuidado com a real função deste tipo de acorde dentro do contexto com o qual o mesmo está envolvido. De qualquer forma, neste método buscou-se sistematizar o que é mais pragmático e mais frequentemente utilizado por compositores, arranjadores e improvisadores, buscando sempre eliminar qualquer tipo de confusão existente na estruturação desses elementos.

Capítulo 1

TIPOS DE CAMPOS HARMÔNICOS E SEUS MODOS

Assim como um determinado tom possui diversas escalas que fazem parte da sua estrutura, também é possível definir quais são as possibilidades harmônicas de cada contexto, ou seja, quais os acordes que fazem parte deste tom. A isso dá-se o nome de campo harmônico. O campo harmônico é constituído pelas sete tétrades formadas com as notas de cada tom. O relativo menor possui os mesmos acordes do relativo maior, porém o ponto de partida (o chamado I grau) é diferente. Logicamente, isto é válido quando usamos a escala maior e a menor natural, e não a menor harmônica ou a melódica. Vale citar que não vamos analisar aqui campos harmônicos baseados em tríades, já que os acordes formados por três sons já estão implícitos na maneira como o assunto será abordado.

1.1 Campo harmônico maior/menor natural

Observe, no exemplo 1, o campo harmônico de Dó Maior, sendo que no exemplo 2 temos o campo harmônico de Lá menor natural. Nestes dois casos, a mudança de oitava acontece apenas para acomodar as notas do pentagrama de maneira mais prática, facilitando a leitura. Apenas deve-se lembrar que quando as sétimas são incluídas nos acordes do campo harmônico maior, as tétrades do I e IV graus ficam idênticas, com 7M, porém, o V se diferencia destes, pois possui 7m. Os acordes menores passam a ter 7m, portanto, possuem a mesma tipologia, enquanto o VII passa a ser meio-diminuto. Porém, vale citar que apesar do I e IV graus terem os mesmos tipos de tétrades, as escalas usadas em tais pontos não são iguais. O mesmo vale para o II, III e VI graus, todos acordes menores com sétima menor, porém, as escalas usadas em cada grau devem ser distintas.

Sem dúvida, para um melhor entendimento do assunto, é interessante que o aluno monte os campos harmônicos de todos os outros tons e seus relativos menores, para perceber que independentemente da armadura de clave utilizada, a tipologia dos acordes de cada grau permanecerá inalterada.

Exemplo 1: campo harmônico de Dó Maior

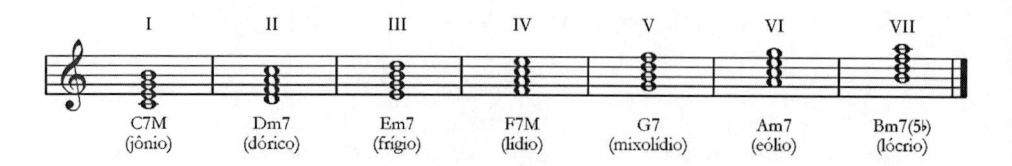

I	II	III	IV	V	VI	VII
C7M (jônio)	Dm7 (dórico)	Em7 (frígio)	F7M (lídio)	G7 (mixolídio)	Am7 (eólio)	Bm7(5♭) (lócrio)

Exemplo 2: campo harmônico de Lá menor

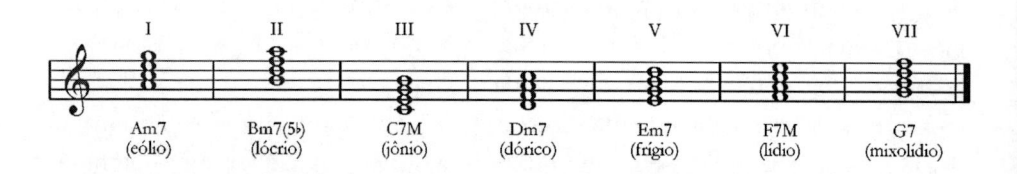

I	II	III	IV	V	VI	VII
Am7 (eólio)	Bm7(5♭) (lócrio)	C7M (jônio)	Dm7 (dórico)	Em7 (frígio)	F7M (lídio)	G7 (mixolídio)

1.2 Campo menor harmônico

Assim como é possível gerar acordes e modos a partir de escalas maiores ou menores, também é possível analisar as possibilidades harmônicas e melódicas da escala menor harmônica (que nada mais é do que o modo eólio com o sétimo grau alterado, ou seja, quando a 7m é substituída por uma sensível artificial).

Repare que existem acordes comuns entre o campo harmônico da menor natural e o campo menor harmônico, já que a nota alterada não está presente em todos os acordes. Note também que algumas tipologias de acordes que não tinham sido citadas até então começam a aparecer, tais como o Am7M, o C+7M e o G#°, como podemos ver nos exemplos de campo menor harmônico do exemplo 3, que está em Lá menor.

Perceba também que, com a alteração, o acorde existente no quinto grau passa a ser dominante e, dessa forma, pede resolução na tônica, trazendo para o tom menor aquele direcionamento que não existe quando temos somente a menor natural.

Como exercício, é interessante que o aluno monte também os campos menores harmônicos de todos os outros tons menores.

Exemplo 3: campo de Lá menor harmônico

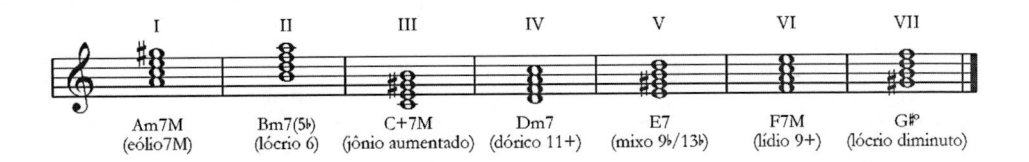

I	II	III	IV	V	VI	VII
Am7M	Bm7(5♭)	C+7M	Dm7	E7	F7M	G#º
(eólio7M)	(lócrio 6)	(jônio aumentado)	(dórico 11+)	(mixo 9♭/13♭)	(lídio 9+)	(lócrio diminuto)

1.3 Campo harmônico da menor melódica

Assim como foram montados os acordes possíveis a partir da escala menor natural e da menor harmônica, podemos também montar os acordes possíveis para a escala menor melódica. Devemos lembrar que a escala do sétimo grau, a alterada, normalmente não será aplicada em acordes meio-diminutos, sendo mais comum seu uso sobre acordes dominantes com 9m/9+/11+/13♭. Observe no exemplo 4 os acordes gerados com a escala de Lá menor melódica (observe que novamente só temos aqui as tétrades resultantes, já que as tríades estão implícitas).

Exemplo 4: campo harmônico de Lá menor melódica

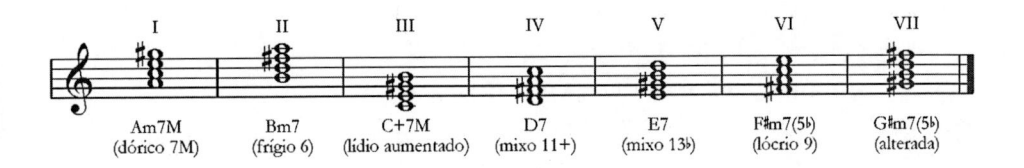

I	II	III	IV	V	VI	VII
Am7M	Bm7	C+7M	D7	E7	F#m7(5♭)	G#m7(5♭)
(dórico 7M)	(frígio 6)	(lídio aumentado)	(mixo 11+)	(mixo 13♭)	(lócrio 9)	(alterada)

Devemos lembrar também que, quando temos situações menores, os três universos que estamos estudando trabalham simultaneamente: menor natural, menor harmônica e menor melódica. Portanto, cabe ao instrumentista conhecer os acordes de cada situação e quais escalas devem ser aplicadas neles. Para tanto, é possível observar o quadro abaixo, onde podemos perceber de maneira clara as diferenças e semelhanças de cada situação (em Lá menor).

QUADRO COMPARATIVO ENTRE A MENOR NATURAL, A MENOR HARMÔNICA E A MENOR MELÓDICA (EM LÁ MENOR)

Menor Natural	Eólio	Lócrio	Jônio	Dórico	Frígio	Lídio	Mixolídio
	Am7	Bm7(5♭)	C7M	Dm7	Em7	F7M	G7
Menor Harmônica	Eólio 7M	Lócrio 6	Jônio aum.	Dórico 11+	Mixo 9♭/13♭	Lídio 9+	Lócrio 4º/7º
	Am7M	Bm7(5♭)	C+7M	Dm7	E7	F7M	G#º
Menor Melódica	Dórico 7M	Frígio 6	Lídio aum.	Mixo 11+	Mixo 13♭	Lócrio 9	Alterada
	Am7M	Bm7	C+7M	D7	E7	F#m7(5♭)	G#m7(5♭)

Como exercício, é interessante montar os campos harmônicos da menor melódica em todos os tons possíveis. Dessa forma, ficamos mais familiarizados com as tipologias dos acordes existentes em cada grau. Na maior parte das vezes, essas escalas não aparecem de maneira tão sistemática como estamos vendo nesses exemplos, sendo que alguns destes acordes não são característicos do repertório tonal, sendo mais utilizados como acordes de passagem, como é o caso do VII do campo harmônico da menor melódica. E vale lembrar que, numa análise, a opção escolhida para se improvisar ou conduzir sobre cada acorde não é a única. E para entender o real uso destes elementos, vamos precisar de mais alguns assuntos que iremos tratar nos próximos capítulos, tais como notas evitadas, funções harmônicas, dominantes secundários, dominantes substitutos, entre outras coisas.

Capítulo 2

NOTAS EVITADAS

Agora que temos as principais escalas e seus campos harmônicos estudados (modos gregorianos, menor harmônica e menor melódica), vamos falar sobre um assunto que pode ser considerado vital dentro da improvisação e da harmonia jazzística: as notas evitadas.

São consideradas notas evitadas aquelas que geram choques de 9m com a tétrade principal gerada por determinado modo. Tal intervalo, na maior parte das vezes, é bastante problemático, tendo uma sonoridade interessante apenas em acordes dominantes e somente quando este intervalo é formado com a fundamental do acorde. Em outras situações, tal intervalo deve ser evitado ou substituído. Tal critério serve tanto para a construção das linhas de condução como para formação de acordes ou para improvisação.

Outro ponto a ser ressaltado é que muitas vezes vamos encontrar nas músicas do nosso repertório acordes que não fazem parte do campo harmônico principal, como, por exemplo, dominantes secundários, dominantes substitutos, acordes de empréstimo modal, entre outros. Nestes casos, muitas vezes escolhemos as escalas que serão utilizadas tendo como critério utilizar o mínimo possível de notas evitadas.

2.1 Notas evitadas nos modos gregorianos

Como referência, temos aqui as notas evitadas existentes nos modos gregorianos e suas respectivas substituições, quando necessário. Tome cuidado com as mudanças de oitava quando existirem referências a intervalos compostos.

2.1.1 Modo jônio

No modo jônio, a 4J é evitada por formar um intervalo de 9m com a terça maior do acorde. Portanto, se substituímos a 4J pela 4#, eliminamos o problema.

A escala resultante será um modo lídio, como podemos observar aqui no exemplo 5.

Exemplo 5

[Notação musical: modo Dó jônio e modo Dó lídio]

2.1.2 Modo dórico

O modo dórico, como podemos observar no exemplo 6, tem apenas uma nota evitada, a 6M, que é condicional, ou seja, depende da situação onde o modo dórico está sendo utilizado. Se estamos numa cadência II - V - I , a 6M no primeiro acorde (II) é evitada por adiantar a sensível da cadência e, portanto, deve ser omitida, já que deveria aparecer apenas no acorde dominante (V), para pedir a resolução na fundamental da tônica (I). Como esta escala tem apenas essa evitada condicional, fica explicado por que é uma das escalas mais usadas (e não só no jazz).

Exemplo 6

[Notação musical: modo Ré dórico]

2.1.3 Modo frígio

O frígio tem duas notas evitadas. A 2m é evitada por gerar um choque com a fundamental (como citado anteriormente, a 9m deverá ser usada apenas em situações dominantes, o que não é o caso do acorde gerado pelo frígio). A 6m também é considerada evitada por chocar-se com a 5J do acorde. Substituindo a 2m pela 2M e a 6m pela 6M, teremos como escala resultante o modo dórico, como podemos notar no exemplo 7.

Exemplo 7

[Partitura musical: modo Mi frígio e modo Mi dórico]

2.1.4 Modo lídio

O lídio não possui notas evitadas, como é possível observar no exemplo 8, podendo ser citado, assim como o modo dórico, com uma das escalas mais usadas.

Exemplo 8

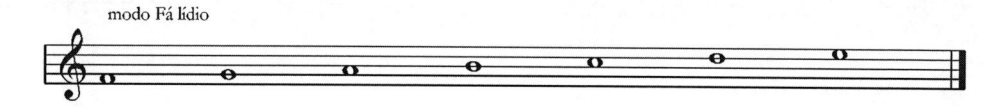

[Partitura musical: modo Fá lídio]

2.1.5 Modo mixolídio

O mixolídio possui a 4J como nota evitada, por formar um intervalo de 9m com a 3M do acorde. Se a 4J for substituída pela 4♯, para eliminar o problema, teremos o mixo 11+, que é um dos modos da menor melódica, como descrito no exemplo 9.

Exemplo 9

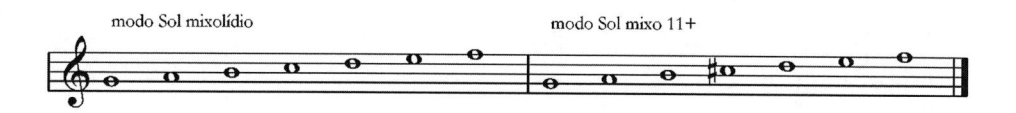

[Partitura musical: modo Sol mixolídio e modo Sol mixo 11+]

2.1.6 Modo eólio

O eólio possui a 6m como nota evitada. Se a mesma for substituída pela 6M, como podemos ver no exemplo 10, teremos novamente o modo dórico.

Exemplo 10

[notação musical: modo Lá eólio, modo Lá dórico]

2.1.7 Modo lócrio

No modo lócrio, a 2m é evitada, devendo ser substituída pela 2M. Assim, teremos o modo lócrio 9, que é o modo do sexto grau da menor melódica, como é possível observar no exemplo 11.

Exemplo 11

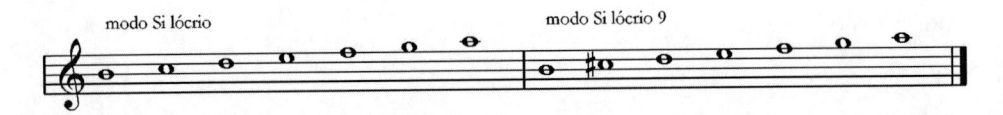

[notação musical: modo Si lócrio, modo Si lócrio 9]

2.2 Outras situações

Existem outras situações que podem gerar notas evitadas, como, por exemplo, algumas inversões de acordes. Sempre que houver uma segunda menor, deve-se tomar cuidado, pois ela pode se tornar uma 9m, dependendo da abertura utilizada para o acorde. Tomemos como exemplo um C/B (exemplo 12). Como este acorde está na terceira inversão, a sétima (que está no baixo) poderá formar um intervalo de 9m com a fundamental, dependendo da posição que for usada para este acorde. A solução é substituir a fundamental pela 9M do acorde, o que acabará gerando o acorde Em7/B (exemplo 12a). No exemplo 12b, um Am/G♯, temos uma 9m entre a sétima do acorde (que está no baixo) e a fundamental (que está no soprano – a voz mais aguda do acorde). Neste acorde, quando substituímos a fundamental pela 9M, temos um C+7M/G♯ como resultado (exemplo 12c). Soluções desse tipo são amplamente utilizadas por diversos arranjadores e instrumentistas, e certamente melhoram a sonoridade final do improviso e/ou do arranjo.

Exemplo 12

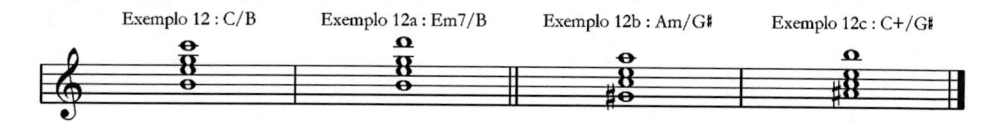

Exemplo 12 : C/B   Exemplo 12a : Em7/B   Exemplo 12b : Am/G#   Exemplo 12c : C+/G#

Como exercício, tente descobrir quais são as notas evitadas nos modos da menor harmônica e da menor melódica, utilizando o esquema proposto aqui com os modos gregorianos como referência.

FUNÇÕES HARMÔNICAS

Capítulo 3

Agora que já conhecemos os principais campos harmônicos, com seus acordes, modos e notas evitadas, podemos estudar o ponto que pode ser considerado como um dos mais essenciais da música tonal: as funções harmônicas, sendo que existem três funções harmônicas principais: tônica, dominante e subdominante.

3.1 Função tônica

A função tônica traz a sensação de relaxamento, de resolução, de repouso. Os acordes existentes no primeiro grau dos campos harmônicos maior e menor possuem a função tônica. Tais acordes podem ser usados na conclusão de uma peça ou de uma seção dentro da mesma.

3.2 Função dominante

A função dominante traz a sensação de tensão. Existem dois graus no campo harmônico (maior ou menor) com função dominante: o V e o VII (sendo que no contexto menor, iremos adotar o V e o VII da menor harmônica). Podemos considerar o acorde meio-diminuto (ou diminuto, se estivermos no modo menor) do sétimo grau como sendo o V com a fundamental sendo substituída pela 9M ou 9m. Em todos os casos, a característica principal do acorde dominante é o trítono existente entre a 3M e a 7m do acorde do quinto grau, ou entre a fundamental e a 5ª existente no acorde do sétimo grau. Ou seja, um acorde dominante pode até ter outras tensões adicionadas para que se obtenha outras cores no acorde (tais como 13M e 13m ou 9M e 9m – evidentemente quando falamos do acorde existente no quinto grau) mas o trítono e a sua perspectiva de resolução são essenciais para que o acorde seja dominante.

3.3 Função subdominante

Os acordes com função subdominante podem nos trazer a sensação de afastamento do repouso. Existem dois acordes no campo harmônico (tanto maior quanto menor) com função subdominante: o II e o IV. Arnold Schoenberg, em seu tratado de harmonia, considera um acorde com tal função como uma preparação para se chegar ao dominante, outros o consideram como um prolongamento da cadência. No contexto maior, o sexto grau será chamado simplesmente de relativo menor, enquanto o terceiro grau será chamado de anti-relativo. Tal relação vai se inverter num contexto menor, onde o terceiro grau será o relativo maior e o sexto grau será chamado de antirrelativo.

Capítulo 4

CADÊNCIAS HARMÔNICAS

O discurso tonal, em linhas gerais, é todo baseado no uso de cadências harmônicas. Existem alguns clichês que são usados em larga escala pelos compositores dos mais variados estilos, tanto na música popular quanto na música erudita. Instrumentistas de jazz, por exemplo, têm seu estudo em grande parte baseado em cadências tonais e suas possibilidades harmônicas e melódicas. Isso acontece porque grande parte do repertório jazzístico tonal se utiliza de tal material, portanto, saber improvisar e conduzir sobre tais sequências torna-se essencial para quem quer tocar o estilo citado.

4.1 Cadências em tons maiores

Neste tópico, vamos estudar algumas das principais cadências utilizadas pelos compositores, sendo que as escalas que devem ser usadas para improvisação, em cada caso, já estão indicadas.

4.1.1 Cadências autênticas em tons maiores

A cadência é assim denominada quando existe o movimento V-I, como podemos observar no exemplo 13. Se a melodia do momento repousar na fundamental do acorde com função tônica, tal cadência será denominada autêntica perfeita.

Exemplo 13: cadência autêntica (V-I)

As duas cadências seguintes (exemplos 14 e 15) são muito usadas em todo o repertório tonal existente, sendo que a primeira é muito mais comum. Repare no movimento subdominante – dominante – tônica. Também são chamadas autênticas (já que este termo se refere ao movimento V-I) e podem também ser autênticas perfeitas se a melodia do momento repousar na fundamental do acorde com função tônica. O acorde subdominante pode ser encarado como uma preparação (ou até um prolongamento) do dominante, como citado anteriormente.

Exemplo 14: cadência autêntica (II-V-I)

Exemplo 15: cadência autêntica (IV-V-I)

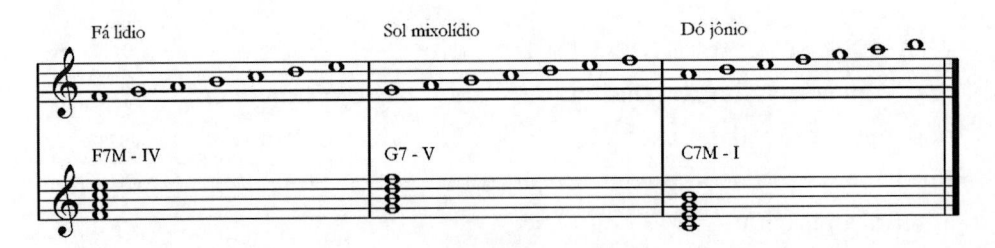

4.1.2 Cadência de engano ou interrompida em tons maiores

A cadência de engano (ou interrompida) acontece quando a sequência de acordes frustra a resolução V-I, como podemos ver nos exemplos 16 e 17 (não necessariamente a cadência de engano precisa ser direcionada para o VI, porém, esse é o caso mais comum, por isso será usado como exemplo).

Exemplo 16: cadência de engano ou interrompida (II-V-VI)

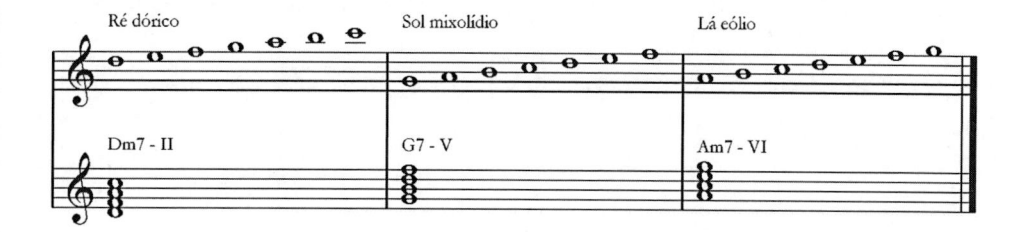

(Ré dórico — Dm7 - II; Sol mixolídio — G7 - V; Lá eólio — Am7 - VI)

Exemplo 17: cadência de engano ou interrompida (IV-V-VI)

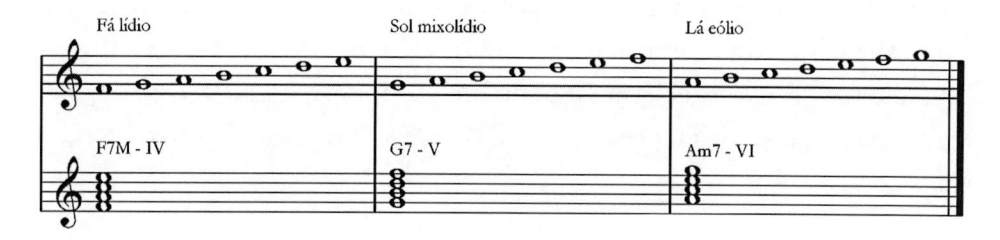

(Fá lídio — F7M - IV; Sol mixolídio — G7 - V; Lá eólio — Am7 - VI)

4.1.3 Cadência plagal em tons maiores

A cadência conhecida como plagal acontece quando o subdominante caminha para a tônica, podendo ser IV ou II, como é possível observar nos exemplos 18 e 19.

Exemplo 18: cadência plagal (IV-I)

(Fá lídio — F7M - IV; Dó jônio — C7M - I)

Exemplo 19: cadência plagal (II-I)

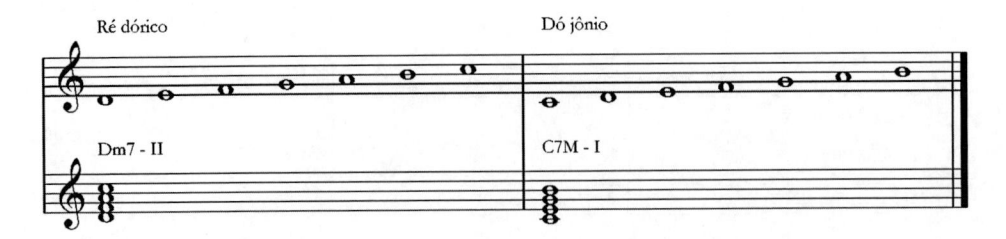

Ré dórico — Dm7 - II

Dó jônio — C7M - I

4.1.4 Meia cadência em tons maiores
Neste momento, podemos citar uma situação bastante frequente no repertório tonal, que é a chamada meia cadência. Tal procedimento se configura quando temos o acorde dominante no final da frase, ou seja, trata-se de uma cadência suspensiva, cuja resolução irá acontecer no início da próxima frase musical.

4.1.5 Outras cadências bastante utilizadas
I - VI - II - V - I
I - VI - IV - V - I
III - VI - II - V - I
III - VI - IV - V - I

4.2 Cadências em tons menores
Para elaborar cadências em tonalidades menores, vamos utilizar os elementos dos três campos harmônicos menores estudados, mas não de maneira tão sistemática (especialmente no que diz respeito às escalas usadas para improvisação) quanto fizemos anteriormente, e sim procurando tornar o exemplo o mais pragmático possível. Mesmo assim, existem outras infinitas possibilidades para improvisação nessas situações. As nomenclaturas são as mesmas já utilizadas para as cadências em tons maiores. Lembre-se que, no modo menor, podemos ter diversas possibilidades para um mesmo grau. Por exemplo, se estamos em Lá menor, o I pode ser Am7 ou Am7M. Porém, com as cadências descritas a seguir, pode-se ter uma idéia de quais acordes e escalas que, em linhas gerais, costumam ser mais usados em cada situação.

4.2.1 Cadências autênticas em tons menores

Uma opção bastante utilizada pelos improvisadores no jazz, neste tipo de cadência, consiste em utilizar a escala alterada no acorde dominante que vai para o acorde menor (repare que a escala alterada possui F, 2m, 2+, 3M, 4+, 6m e 7m – todos esses intervalos são possíveis no acorde citado), como é possível observar no exemplo 21. Observe que nas cadências II-V-I e IV-V-I, dos exemplos 22 e 23, também é possível utilizar a escala alterada nos acordes do V.

Exemplo 20: cadência autêntica (V-I)

Exemplo 21: cadência autêntica (V-I)

Exemplo 22: cadência autêntica (II-V-I)

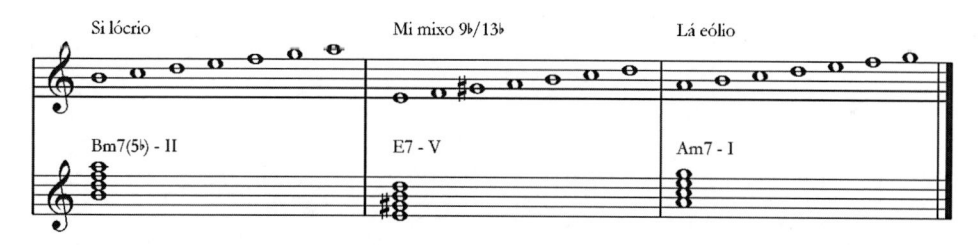

Exemplo 23: cadência autêntica (IV-V-I)

4.2.2 Cadências de engano ou interrompidas em tons menores

A exemplo do que acontece em situações maiores, as cadências de engano (ou interrompidas) nos tons menores acontecem quando a sequência de acordes frustra a resolução V-I, como podemos ver nos exemplos 24 e 25. Assim como citado com relação às situações maiores, não necessariamente a cadência de engano do tom menor precisa ser direcionada para o VI, porém, esse é o caso mais fácil de ser encontrado.

Exemplo 24: cadência de engano ou interrompida (II-V-VI)

Exemplo 25: cadência de engano ou interrompida (IV-V-VI)

4.2.3 Cadência plagal em tons menores

Da mesma maneira como acontece nas cadências em tons maiores, a cadência conhecida como plagal acontece quando a subdominante caminha para a tônica, podendo ser IV ou II, como é possível observar nos exemplos 26 e 27.

Exemplo 26: cadência plagal (IV-I)

Ré dórico — Dm7 - IV

Lá eólio — Am7 - I

Exemplo 27: cadência plagal (II-I)

Si lócrio — Bm7(5♭) - II

Lá eólio — Am7 - I

4.2.4 Meia cadência em tons menores

A exemplo do que citamos sobre tons maiores, a chamada meia cadência também é bastante frequente em situações menores. Novamente, tal procedimento se configura quando temos o acorde dominante no final da frase, ou seja, trata-se de uma cadência suspensiva, cuja resolução irá acontecer no início da próxima frase musical.

Capítulo 5

MOVIMENTOS HARMÔNICOS

São considerados como essenciais três tipos de movimentações harmônicas: as fortes, as fracas e as superfortes. Tais definições são baseadas no que é mais utilizado pelos compositores dentro do universo tonal. É importante citar que os movimentos descritos a seguir caracterizam-se desta maneira em qualquer ponto de qualquer campo harmônico, seja ele maior ou menor. Por exemplo: não importa se vamos do II para o V ou do V para o I – ambas as movimentações são consideradas fortes.

5.1 Movimentos fortes

São denominados fortes os movimentos de terça descendente (ou sexta ascendente) e os de quarta ascendente (ou quinta descendente), sendo que, este último, é denominado forte por ser um dos movimentos mais usados na música tonal, pois caracteriza a resolução da dominante na tônica (cadência V-I).

5.2 Movimentos fracos

São denominados fracos os movimentos de terça ascendente (ou sexta descendente), assim como os de quinta ascendente (ou quarta descendente). Este último é denominado fraco por ser contrário a uma das movimentações mais presentes na música tonal (cadência V-I), como citamos anteriormente. Vale ressaltar que, de uma maneira geral, em música tonal os movimentos fracos costumam ser evitados.

5.3 Movimentos superfortes

Os movimentos de segundas ascendentes ou descendentes são considerados superfortes, pois as duas tétrades envolvidas nesse tipo de situação não terão notas em comum, sendo, portanto, a mudança harmônica bastante evidente.

5.4 Ciclos harmônicos

Um bom exercício é elaborar ciclos com as diferentes movimentações citadas, utilizando os acordes dos campos harmônicos existentes, prática esta que certamente nos ajudará a entender com mais clareza todos os assuntos descritos neste livro, como nos exemplos a seguir. Observe, em todos os ciclos, que tanto os graus e escalas estão indicados. Nos ciclos em Si menor e Fá menor, perceba a utilização de acordes dos três tipos de campos harmônicos menores: menor natural, menor harmônico e menor melódico.

Ciclo harmônico em Lá Maior utilizando terças descendentes (movimentos fortes):
A7M(I-jônio) / F#m7(VI-eólio) / D7M(IV-lídio) / Bm7(II-dórico) / G#m7/5b(VII-lócrio) / E7(V-mixolídio) / C#m7(III-frígio) / A7M(I-jônio)

Ciclo harmônico em Si menor utilizando quintas descendentes (movimentos fortes):
Bm7(I-eólio-MN) / Em7(IV-dórico-MN) / A7(VII-mixolídio-MN) / D7M(III-jônio-MN) / G7M(IV-lídio-MN) / C#m7/5b(II-lócrio-MN) / F#7/13b(V-mixo 9b/13b-MH) / Bm7(I-eólio-MN)

Ciclo harmônio em Fá menor utilizando terças ascendentes (movimentos fracos):
Fm7(I-eólio-MN) / Ab+7M(III-lídio aumentado-MM) / C7(V-mixo 9b/13b-MH)/ E7 (VII-mixolídio-MN) / Gm7/5b(II-lócrio-MN) / Bb7(IV-mixo 11+- MM) / Db7M(VI-lídio-MN) / Fm7M(I-dórico7M-MM)

Exemplo analisado
Na harmonia a seguir (exemplo 28), podemos observar a análise do encadeamento de acordes e foram selecionadas as escalas para improvisar tendo como referência todo o material já visto neste método: modos, campos harmônicos, cadências, notas evitadas e funções harmônicas. No último acorde foi utilizado o modo dórico 7M quando poderia ser utilizado o modo eólio 7M. O modo proveniente da escala menor melódica foi escolhido por não ter notas

evitadas, ao contrário do eólio 7M, que possui a 6m – nota evitada naquela situação. Repare também na cadência de engano existente entre os acordes segundo, terceiro e quarto (IV-V-VI), assim como a cadência II-V-I existente nos três últimos acordes. Os movimentos harmônicos existentes nesta sequência de acordes são: do Gm7 para o Cm7 – forte; do Cm7 para o D7 – superforte; do D7 para o E♭7M – superforte; do E♭7M para o Am7(5♭) – forte; do Am7(5♭) para o D7 – forte; do D7 para o Gm7M – forte. Dica: procure tocar esta sequência de acordes para perceber melhor as tensões e resoluções, e tome cuidado com os acidentes pertencentes à armadura de clave. (Legenda: MN – menor natural / MH – menor harmônica / MM – menor melódica).

Exemplo 28

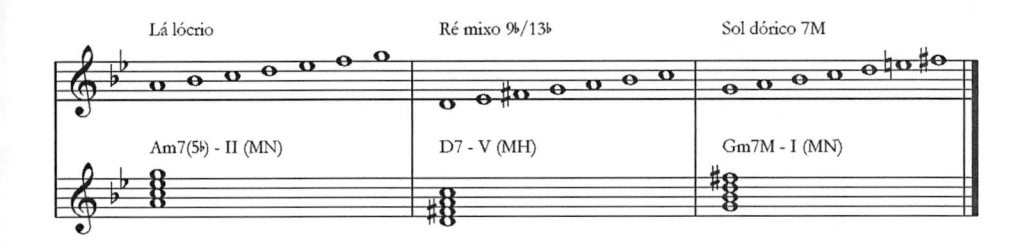

Capítulo 6

OS DOMINANTES SECUNDÁRIOS

Nas páginas anteriores, falamos sobre as funções harmônicas principais, tanto no contexto maior quanto no contexto menor. Entender tais funções (tônica, subdominante e dominante) é fundamental para que se compreenda como acontecem as tensões e relaxamentos dentro da música tonal. Agora, vamos discutir um assunto muito importante dentro do tonalismo: os dominantes secundários (ou individuais). Para entender a sua função dentro da música tonal, lembremos de alguns pontos sobre o acorde dominante principal (em Dó Maior). Primeiro: o acorde dominante deve ter o trítono formado pela 3M e pela 7m, sendo que a 3M do acorde G7 – a nota Si – é a sensível do tom de Dó Maior, ou seja, deve ser resolvida na nota Dó. Segundo: o acorde dominante estará uma quinta acima (ou uma quarta abaixo) da sua resolução, tornando possível o movimento forte V-I, essencial dentro da música tonal.

Devemos lembrar que o acorde meio-diminuto do sétimo grau também é dominante (será diminuto se o contexto for menor – o sétimo grau da menor harmônica), e estará meio-tom abaixo da sua resolução. Porém, nos concentremos no tipo de acorde dominante citado anteriormente (o V). Em capítulos posteriores, estudaremos acordes diminutos.

Da mesma forma que utilizamos o dominante principal para atingir a tônica, quando queremos atingir outros graus do campo harmônico, utilizamos os dominantes destes, que são denominados secundários. Estes devem seguir, à sua maneira, as regras citadas anteriormente para o dominante principal. Primeira regra: o dominante secundário deve possuir o trítono formado pela 3M e 7m, sendo que a 3M é a sensível do grau onde ela deve resolver ascendentemente, enquanto a 7m do acorde dominante secundário deve resolver descendentemente na terça do acorde de chegada (seja ela maior ou menor). Segunda regra: o dominante secundário deve estar uma quinta acima (ou uma quarta abaixo) do acorde de resolução, realizando o mesmo movimento que o dominante principal faz quando vai para a tônica.

6.1 Dominantes secundários no campo harmônico maior

Abaixo, temos os dominantes possíveis dentro de Dó Maior. Observe que esta estrutura vale também para todos os outros campos harmônicos maiores. Repare que, na pauta inferior, temos os acordes pertencentes ao campo harmônico em questão. Nos campos superiores, temos os dominantes secundários de cada um dos graus. Atenção às nomenclaturas: se o G7, que é o dominante principal, é classificado como "V", então o C7, que é o dominante do quarto grau, é denominado "V/IV". A mesma regra vale para todos os outros dominantes secundários. Vale ressaltar que alguns acordes não possuem dominantes secundários, pois são acordes que não trazem a sensação de resolução quando atingidos. Por exemplo: no modo maior, o sétimo grau não possui dominante secundário, por ser um acorde demasiadamente tenso (meio-diminuto).

Exemplo 29: dominantes em Dó Maior

G7 - V	A7 - V/II	B7 - V/III	C7 - V/IV	D7 - V/V	E7 - V/VI	o VII não possui dom. sec.
C7M - I	Dm7 - II	Em7 - III	F7M - IV	G7 - V	Am7 - VI	Bm7(5♭) - VII

6.2 Dominantes secundários no campo harmônico menor

A seguir, temos os dominantes possíveis dentro de Lá menor. Assim como citamos com relação ao campo harmônico maior, esta estrutura também vale para todos os outros campos harmônicos menores. Da mesma forma que o exemplo anterior, observe que na pauta inferior temos os acordes pertencentes ao campo harmônico em questão, e, nos campos superiores, temos os dominantes secundários de cada um dos graus. No modo menor, o segundo grau não tem dominante secundário, assim como o 7º grau do campo menor harmônico, que é diminuto. Observe também que quando os acordes de resolução do campo harmônico menor aparecem, alguns graus possuem mais de uma possibilidade e, ao mesmo tempo, certos acordes não foram citados. O critério foi utilizar os acordes mais usados em situações práticas. Tal fato nos faz lembrar do que foi dito anteriormente sobre o contexto menor: os três campos harmônicos (menor natural, menor harmônica e menor melódica) trabalham simultaneamente, sendo que utilizamos acordes ora de um campo, ora de outro. Assim, o instrumentista deve conhecer bem tais acordes para saber quais escalas e arpejos poderá utilizar em cada situação.

Exemplo 30: dominantes em Lá menor

6.3 Cromatismos que pressupõem dominantes secundários

Uma boa dica para a ocorrência de dominantes secundários é o aparecimento de cromatismos (que ocorre não necessariamente na melodia principal – pode ser uma linha interna do acorde ou a linha do baixo, sendo que este último caso é bastante comum), que muito provavelmente são sensíveis – portanto, terças maiores de dominantes secundários – e que querem resolver ascendentemente (com exceção da 7m do tom – no exemplo abaixo, um Si♭ – que é a 7m do V/IV, e como vimos, a 7m deve resolver descendentemente na terça do acorde de chegada). Por exemplo, o Dó♯ é a terça maior de um A7, que é dominante do segundo grau.

Exemplo 31: cromatismos

6.4 IMPROVISANDO SOBRE DOMINANTES SECUNDÁRIOS

Agora que já sabemos como classificar os dominantes secundários dentro do sistema tonal, aprenderemos como escolher as escalas que devem ser utilizadas sobre um dominante secundário, tanto em contextos maiores quanto em contextos menores.

Para descobrir qual escala será usada, devemos seguir alguns critérios. Primeiro: notas do arpejo do acorde dominante secundário. Segundo: notas restantes do tom (no caso de existir mudança de tom na música, devemos obviamente usar as notas do tom do momento). Terceiro: notas da melodia do momento.

Em Dó Maior, temos um A7, que é o dominante do segundo grau e deve resolver neste – portanto, um V/II. As notas do arpejo A7 são Lá, Dó♯, Mi e Sol. Completando com as notas do tom, temos a seguinte escala: Lá, Si, Dó♯, Ré, Mi, Fá, Sol. Este é o modo Lá mixo13♭, como podemos observar no exemplo 32.

Exemplo 32

Em Lá Maior, temos um B7, que é o dominante do quinto grau, devendo resolver neste – portanto, um V/V. As notas do arpejo B7 são: Si, Ré♯, Fá♯, Lá. Completando com as notas do tom: Si, Dó♯, Ré♯, Mi, Fá♯, Sol♯, Lá. Este é o modo Si mixolídio (exemplo 33).

Exemplo 33

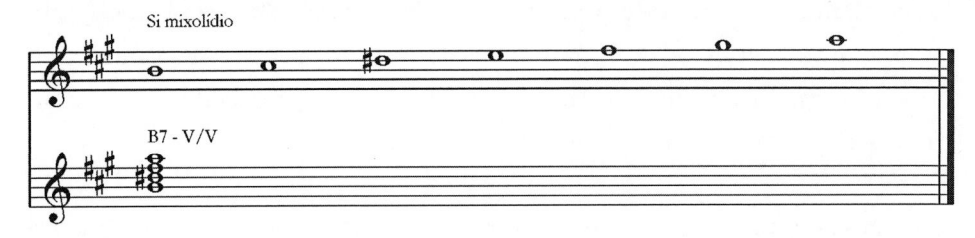

Em Mi menor, temos um F#7 – que é o V/V, devendo resolver no B7. As notas do arpejo F#7 são Fá#, Lá#, Dó#, Mi. Completando com as notas do tom: Fá#, Sol, Lá#, Si, Dó#, Ré, Mi. Este é o modo Fá# mixo 9♭/13♭, como é possível observar no exemplo 34.

Exemplo 34

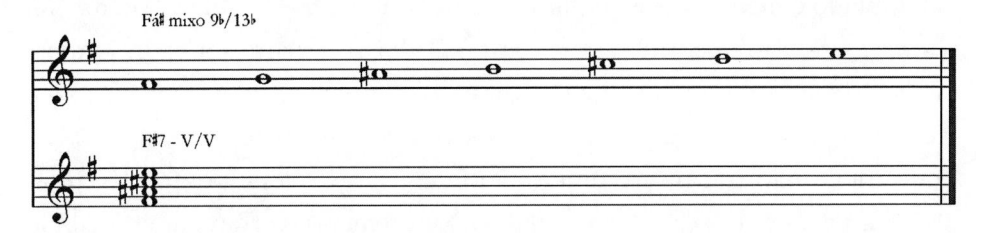

Em Sol menor, temos um G7 – que é o V/IV e deve resolver, portanto, no quarto grau. As notas do arpejo G7 são Sol, Si, Ré, Fá. Completando com as notas do tom, temos Sol, Lá, Si, Dó, Ré, Mi♭, Fá. Este é o modo Sol mixo 13♭ (exemplo 35).

Exemplo 35

6.5 Outras considerações sobre dominantes secundários

Obviamente, existem outras opções de escalas e arpejos que podem ser aplicados em cada situação dominante, tais como a escala alterada, dom-dim e tons inteiros. Tais escalas e os contextos em que as mesmas devem ser aplicadas serão abordados em capítulos posteriores.

Devemos lembrar também que da mesma forma que é possível um dominante secundário, é possível uma cadência II-V secundária, tanto em situações maiores como em situações menores. O critério é o mesmo. Portanto, se podemos utilizar uma cadência II-V para atingir o I, podemos fazer II/II – V/II para atingir o segundo grau, por exemplo. A princípio, o que se encontra no repertório, em linhas gerais, segue a lógica já proposta: se o grau a ser atingido possui um acorde maior, usa-se o II-V para situações maiores. Se o acorde a ser atingido é menor, deve-se usar o II-V para situações menores. Porém, em alguns casos, torna-se interessante usar o II-V para situações menores numa situação maior (obviamente, deve-se **sempre** levar em consideração a melodia do momento – às vezes a mesma não torna possível tal procedimento). O contrário já não traz um resultado tão interessante. Neste ponto, devemos lembrar da regra básica: o que funciona para o menor certamente funciona para o maior, todavia, nem tudo que funciona para o maior funciona para o menor. Para citar mais um exemplo, é só lembrar daquela prática muito presente no blues, onde se usa uma pentatônica menor sobre um acorde maior, criando um choque entre a 3M do acorde com a 3m da escala (que soará, nesta situação, como uma 9+) e trazendo um efeito bastante interessante. O contrário (aplicar uma pentatônica maior em cima de um acorde menor) não costuma funcionar. Repare também nas escalas que devem ser escolhidas para os II secundários: em acordes menores com sétima menor, deve-se utilizar o modo dórico por ser a opção com menos notas evitadas. Em acordes meio-diminutos, deve-se utilizar o modo lócrio se a sua 9m for uma nota pertencente ao tom, portanto, diatônica. Se a 9M for disponível, pode-se utilizar o modo lócrio 9.

Exemplos analisados

Como exemplo para todo o material utilizado até agora, tem-se aqui a análise da harmonia de dois clássicos da bossa-nova: no exemplo 36, temos "Saudade fez um samba" (Carlos Lyra e Ronaldo Bôscoli) e no exemplo 37 "Lamento no Morro" (Tom Jobim e Vinícius de Morais). Complementando, teremos também alguns comentários a respeito da construção do tema "Manhã de carnaval" (Luis Bonfá e Antônio Maria).

Saudade fez um samba - Exemplo 36
Carlos Lyra e Ronado Bôscoli

© Copyright 1974 by Irmãos Vitale S/A Ind. e Com. – São Paulo – Rio de Janeiro – Brasil.
Todos os direitos autorais reservados para todos os países.
All rights reserved – International Copyright Secured.

Análise harmônica e melódica de "Saudade fez um samba"
(Carlos Lyra e Ronaldo Bôscoli)

Esta peça possui apenas uma seção em sua estrutura, sendo que a melodia da música é composta basicamente por quatro frases. Em alguns casos, devido ao uso intenso de síncopas, não é tarefa simples apontar onde está o motivo melódico principal. Neste exemplo, devemos observar que o motivo melódico sofre pequenas variações ao longo do tema, mas assim ainda é possível perceber a construção das frases de quatro em quatro compassos, com exceção da última frase, que com a sua resolução acaba tendo seis compassos de extensão.

Com relação à harmonia, podemos verificar claramente a utilização dos elementos citados até então. Observe as cadências II-V-I direcionadas para o acorde D7M presentes nos oito primeiros compassos. Repare que a melodia sobre os acordes A7 permite também a utilização da 9m, já que tal intervalo não é citado nem na melodia, nem na harmonia, o que abre um precedente para a utilização da escala dom-dim (ou octatônica), o que será abordado adiante. Perceba também as cadências secundárias existentes nos compassos seguintes: nos compassos 9, 10 e 11, temos uma cadência II-V direcionada para o IV (repare que se trata de uma cadência utilizada para situações maiores), enquanto nos compassos 12 e 13 podemos encontrar uma cadência II-V direcionada para o VI (repare que se trata de uma cadência utilizada para situações menores). As escalas escolhidas para improvisação nesses acordes, que são alheios ao campo harmônico principal, seguem os critérios adotados nos capítulos anteriores, referentes a cada um dos tipos de acorde.

Para o acorde F°/13♭ foi escolhida a escala baseando-se no acorde que este está substituindo, a exemplo do que será descrito posteriormente sobre o uso e análise de acordes diminutos. O acorde F°/13♭ está substituindo o acorde E7, que tem a função de V/V no contexto da canção. Porém, é possível observar na melodia deste trecho o uso da nota Dó♯, o que inviabiliza o uso da escala Mi mixo 9♭/13♭ sobre o acorde E7 (seguindo este raciocínio, teríamos sobre o acorde F° a escala Fá lídio 9+, que é o sexto grau da menor harmônica). A única opção restante é a escala dom-dim, também conhecida como octatônica e que também será estudada com detalhes nos tópicos seguintes. Observe que a escala Mi dom-dim é a mesma que a escala Fá diminuta.

Lamento no morro - Exemplo 37
Tom jobim e Vinícius de Morais

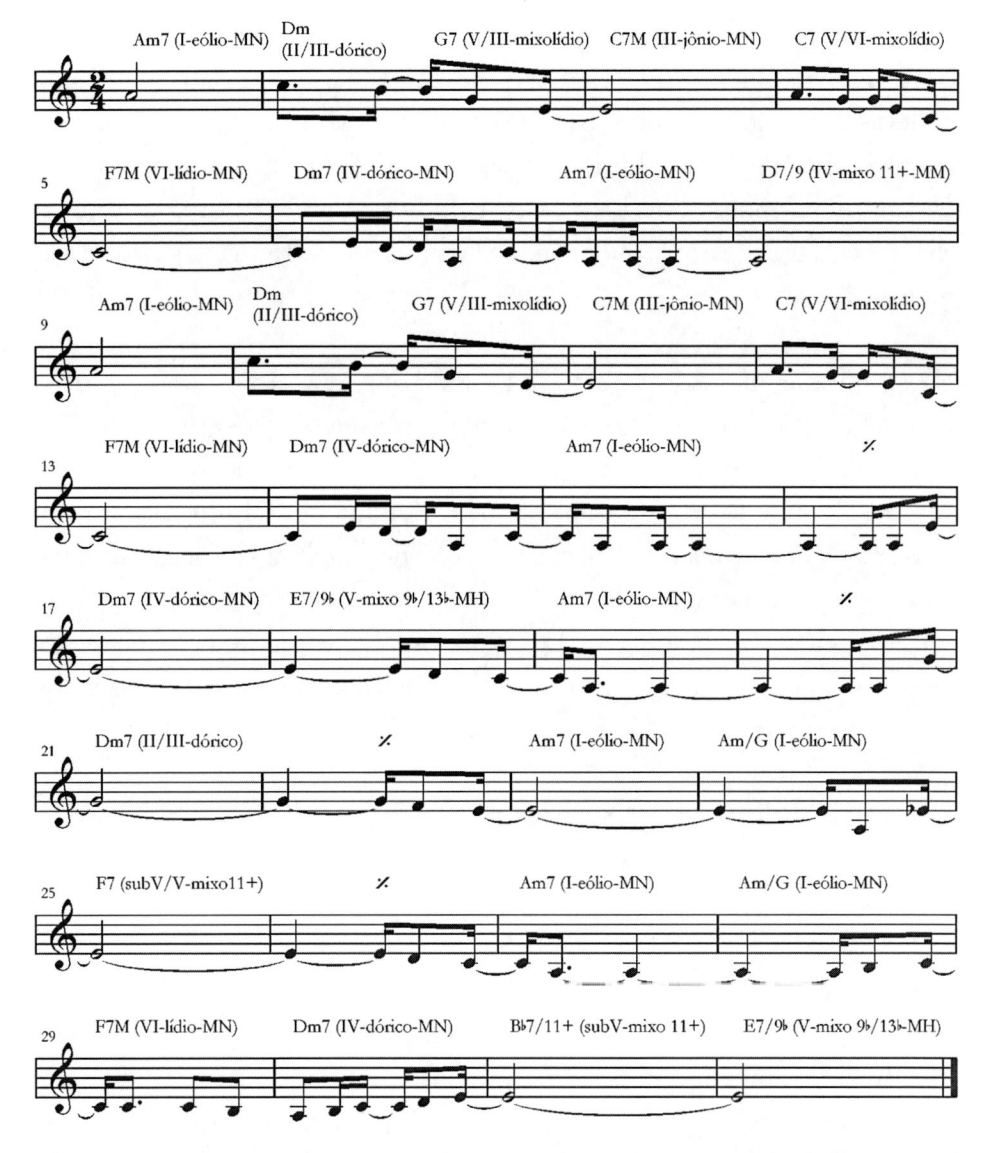

© Copyright 1956 by Irmãos Vitale S/A Ind. e Com. – São Paulo – Rio de Janeiro – Brasil.
Todos os direitos autorais reservados para todos os países.
All rights reserved – International Copyright Secured.

Análise harmônica e melódica de "Lamento no morro"
(Tom Jobim e Vinícius de Morais)

Esta música pertence ao disco *Orfeu da Conceição*, lançado em 1956 por Tom Jobim. Com estrutura AAB, este tema possui alguns dos elementos mais importantes de todo o sistema tonal. Nos compassos segundo e terceiro da parte A, observe que o Dm7 foi analisado como II/III e não como IV, enquanto o G7 foi analisado como V/III e não VII (de Lá menor natural). Tal escolha se deve ao fato de que ambos os acordes estão envolvidos numa cadência direcionada ao C7M. No último compasso, o D7/9 foi analisado como o IV do campo harmônico de Lá menor melódica. Alguns autores costumam chamar esse tipo de acorde também de IV blues, devido à sua larga utilização neste estilo.

No segundo compasso da parte B, a escala que deve ser utilizada sobre o acorde E7 é Mi mixo 9♭/13♭, se levarmos em consideração os critérios iniciais abordados. Porém, como já citado inicialmente, em situações menores, é bastante comum a utilização da escala alterada no V dominante. Tal situação se torna ainda mais evidente quando observamos o B♭7 no penúltimo compasso da peça. Obviamente, se a escala utilizada para o E7 é a alterada, para o B♭7 deve-se utilizar o modo Si bemol mixo 11+. No acorde F7 existente no compasso 9 da parte B, deve ser usado o Fá mixo 11+, já que a nota Ré presente na melodia não faria parte da escala Fá alterada.

Em "Lamento do morro", é importante ressaltar o uso na melodia do motivo repleto de síncopas, que, obviamente, são características do samba e suas variações.

Ainda com relação à forma, é bom lembrar que a harmonia do final da primeira parte A é suspensiva, enquanto o final da segunda parte A é conclusiva. Repare também que o E7/9♭ presente no final da parte B funciona como dominante do Am7 existente no começo da parte A, ou seja, o final da parte B também é suspensivo. Obviamente, quando o tema não for mais repetido, como, por exemplo, na conclusão de um arranjo, não se deve utilizar os dois últimos acordes, ou então, depois dos dois dominantes deve-se caminhar para o Am7, sendo essencial que a peça termine estabilizada no I.

Legenda: MN (acorde/modo pertencente à menor natural); MH (acorde/modo pertencente à menor harmônica); MM (acorde/modo pertencente à menor melódica).

Comentário sobre o tema "Manhã de carnaval"
(Luís Bonfá e Antônio Maria)

O tema "Manhã de carnaval", de Luís Bonfá e Antônio Maria, é mais um dos tocados pelos jazzistas e um dos mais consagrados pela bossa-nova. Possuindo como forma AA e coda, a partitura desta música pode ser facilmente encontrada no *Realbook*, para quem desejar estudá-la, o que pode ser uma excelente dica para se entender um pouco melhor as escalas que podem ser utilizadas em cada acorde, já que, obviamente, a melodia deve estar de acordo com as escalas. Lembre-se apenas de que no *Realbook* esta música aparece como "Black Orpheus", a exemplo do que acontece com uma série de músicas com títulos originais em português e que se apresentam no *Realbook* com títulos em inglês, tais como "If you never come to me" ("Inútil paisagem"), "The girl from Ipanema" ("Garota de Ipanema"), "Summer samba" ("Samba de verão"), entre muitos outros exemplos.

Devemos apenas evidenciar alguns pontos importantes relacionados à análise harmônica da "Manhã de carnaval" e que são análogos a algumas situações presentes em "Lamento no morro" e "Saudade fez um samba". No compasso 6, de "Manhã de carnaval", não se deve analisar o Dm7 e o G7 como IV e VII, respectivamente, por ambos estarem numa cadência II-V direcionada ao III. O mesmo não acontece com o Dm7 do compasso 23, que é a resolução de uma cadência II-V iniciada no compasso 21. Porém, em ambos os casos, sobre o Dm7 devemos utilizar o modo dórico e, sobre o G7, devemos utilizar o modo mixolídio.

Nos compassos 8 e 22, se seguirmos o critério adotado aqui para a escolha das escalas a serem utilizadas nos dominantes secundários (arpejo + notas restantes do tom), o modo resultante será Lá mixo 13♭. Porém, neste exemplo, é bastante comum utilizar o modo Lá mixo 9♭/13♭, já que a nona menor é disponível neste caso, pois não é evitada, a exemplo do que acontece nos compassos 4 e 8 de "Saudade fez um samba", analisada anteriormente.

A coda de "Manhã de carnaval" é modal (modo eólio) e não tonal. Porém, o modalismo será analisado posteriormente. Entretanto, com as ferramentas já dadas até o presente momento, é possível chegar facilmente às escalas que devem ser usadas nesse trecho da composição.

Obviamente, podemos considerar o estudo do desenvolvimento motívico de uma peça algo de vital importância para uma elaboração coerente de um solo e/ou improviso. Sendo a improvisação nada mais do que uma das formas mais usuais de composição dentro do jazz, estar atento às variações utilizadas pelos compositores para a construção de suas melodias torna-se um excelente exercício musical. Observe o motivo estabelecido nos quatro primeiros compassos de "Manhã de carnaval" e que se repete nos quatro seguintes. Entre as duas frases existentes nesse trecho, podemos apenas citar como diferença o uso da sensível artificial (Sol♯) do tom de Lá menor na segunda metade do segundo compasso. Repare que a sensível não é utilizada no compasso 6 da peça, na repetição imediata deste mesmo motivo, já que, inclusive, a harmonia deste compasso não permitiria tal procedimento melódico. No final do primeiro A, podemos observar na melodia o estabelecimento de outro motivo, desta vez anacrúsico, e baseado numa progressão melódica descendente, sendo que ao motivo citado é transposto uma segunda abaixo a cada repetição.

Na segunda parte A de "Manhã de carnaval", é possível observar nos seus primeiros quatro compassos o mesmo motivo utilizado no início da peça. Porém, nos quatro seguintes, existe uma variação melódica no motivo, sendo que o mesmo acontece com a harmonia deste trecho. No final da segunda parte A, o motivo sofre também algumas variações rítmicas, até chegar a sua resolução na nota Lá, no penúltimo compasso da parte A, através de uma aproximação diatônica. Vale ressaltar que aproximações cromáticas e diatônicas são largamente utilizadas por improvisadores, arranjadores e compositores dos mais diversos estilos, sendo uma ferramenta muito importante e que pode proporcionar uma enorme variedade de efeitos.

Vale lembrar que a coda de "Manhã de carnaval" também possui um motivo melódico/rítmico, que, apesar de bastante simples (já que é composto apenas de duas colcheias e uma semínima), é também anacrúsico.

Capítulo 7

O DOMINANTE SUBSTITUTO (SUB V)

Como vimos anteriormente, cada dominante (principal ou secundário) pede resolução uma quarta justa acima, fazendo o movimento forte e ascendente tão importante dentro da música tonal. Também vimos que o trítono existente no acorde dominante é a sua principal essência, já que a 3M é a sensível do acorde de resolução, devendo, portanto, resolver na fundamental deste, e a 7m do dominante deverá repousar na 3M ou 3m do acorde de chegada. Porém, o acorde dominante (seja ele principal ou secundário) pode ser substituído por outro que contenha o mesmo trítono (já que este é parte mais importante do acorde dominante).

O procedimento mais usual é substituir o dominante original pelo acorde existente um trítono acima (ou abaixo – o resultado será o mesmo).

7.1 Aplicações para o dominante substituto

No exemplo 38, em Dó Maior, nos dois primeiros compassos temos a cadência V-I original. Nos compassos 3 e 4, temos o dominante original substituído pelo subV. Porém, repare que ambos os acordes (o dominante original e o subV) possuem o mesmo trítono (apesar das enarmonizações – no acorde G7 o trítono existe entre o Si e o Fá, no D♭7 o mesmo intervalo existe entre o Fá e o Dó♭).

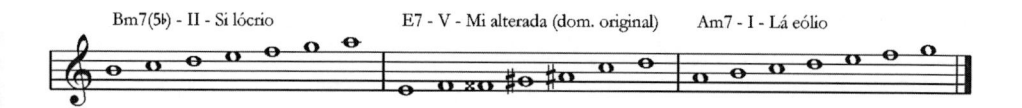

Exemplo 38

Tal situação é muito interessante e amplamente usada por compositores e arranjadores, pois o subV possibilita a cromatização do baixo numa cadência II-subV-I, como podemos observar no exemplo 39.

Exemplo 39

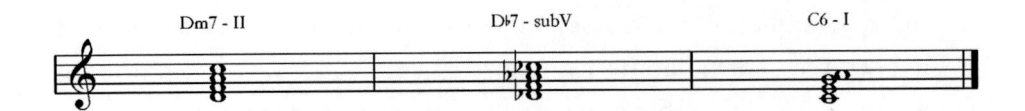

Além disso, vale citar que tal substituição proporcionará dois movimentos harmônicos superfortes (dois movimentos de segundas) enquanto, na situação original, os movimentos eram apenas fortes. Devemos ressaltar também que usar o dominante original logo depois do dominante substituto não é uma boa solução, já que o subV possui sonoridade bem mais sofisticada do que o dominante original, pois gera cromatismos, movimentos superfortes e, normalmente, faz uso de notas não diatônicas. Portanto, se o dominante original for usado logo após o subV, a sensação será de enfraquecimento da dominante original, o que musicalmente não é interessante (exemplo 40). O resultado é muito melhor se o dominante substituto for usado depois do dominante original, como podemos observar no exemplo 41.

Exemplo 40

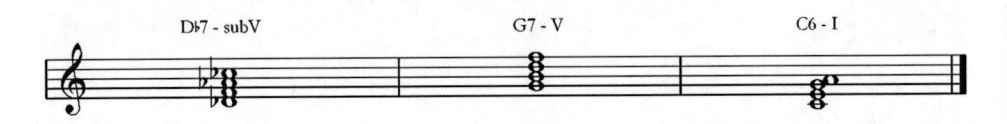

Exemplo 41

Como citado anteriormente, da mesma maneira que podemos substituir o dominante principal, podemos substituir os dominantes secundários, obtendo também, quando queremos atingir os outros graus do campo harmônico principal, os mesmos benefícios já citados para o substituto do dominante original.

No exemplo 42, em Dó Maior, nos compassos 1 e 2, temos a cadência usada para atingir o II (no terceiro compasso), usando o dominante original deste grau.

Exemplo 42

Em7(5♭) - II/II   A7 - V/II   Dm7 - II

No exemplo 43, temos a mesma situação, porém, no lugar do dominante original foi usado o subV. Tal acorde será denominado subV/II.

Exemplo 43

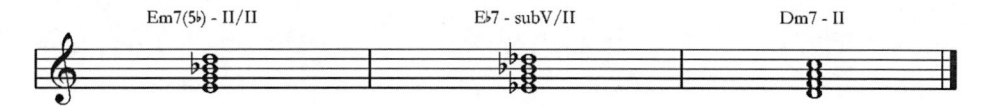

Em7(5♭) - II/II   E♭7 - subV/II   Dm7 - II

No exemplo 44, em Fá Maior, nos compassos 1 e 2, temos a cadência usada para atingir o quarto grau, que é maior (repare no uso do dominante secundário original):

Exemplo 44

Cm7 - II/IV   F7 - V/IV   B♭7M - IV

No exemplo 45, temos a mesma situação, porém no lugar do dominante original do quarto grau, temos o subV/IV.

Exemplo 45

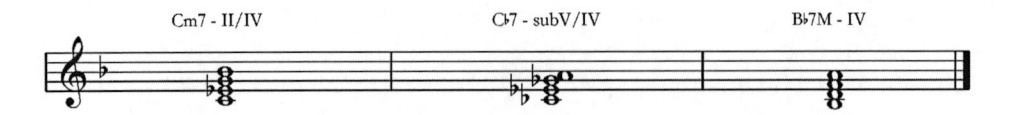

Cm7 - II/IV   C♭7 - subV/IV   B♭7M - IV

Vale lembrar que quando usamos o subV numa situação de rearmonização, independentemente se este substitui um dominante principal ou secundário, devemos sempre verificar se as notas do acorde não se chocam com a melodia, criando intervalos de 9m em lugares inadequados. Devemos lembrar aqui que o intervalo de 9m só funciona em situações dominantes, quando o acorde estiver na posição fundamental e tal intervalo for formado com o baixo.

Ainda com relação ao dominante substituto, é possível afirmar que este acorde é, na verdade, apenas o resultado do acréscimo de tensões e da omissão da fundamental do dominante original, tornando-o, dessa forma, mais sofisticado. Olhando novamente para o exemplo 38, podemos considerar que as notas do D♭7 existente no terceiro compasso são, na verdade, a 4+ (Ré♭, enarmonizando o Dó♯); a 7m(Fá); a 9m(Lá bemol) e a 3M(Dó bemol, enarmonizando o Si) do G7 – que é o dominante original neste caso, sendo que o G7 estaria sendo tocado sem a sua fundamental – daí o baixo em Ré bemol.

7.2 Improvisando sobre os dominantes substitutos

Agora que já conhecemos o subV e vimos que ele pode tanto substituir o dominante principal quanto o secundário, vamos estudar quais as possibilidades de escalas para improvisação sobre esse tipo de acorde.

Vale lembrar que o principal critério adotado é sempre o de deixar o mínimo de notas evitadas na escala a ser usada sobre o acorde. Além disso, temos como referência para o que está sendo abordado, em linhas gerais, o que é mais utilizado no repertório de jazz e música brasileira. Esta última, principalmente após a bossa-nova, mostra um estilo que sofreu grande influência da harmonia jazzística, um estilo onde a improvisação se faz presente em grande parte das vezes e é abordada da mesma maneira como estamos fazendo.

Outro critério já citado neste método e que deve ser lembrado é aquele que afirma que o que funciona para o menor normalmente funciona para o maior, porém, o que funciona para o maior nem sempre funciona para o menor. Isso poderá ser observado claramente nos exemplos seguintes.

Quando o dominante original for dominante de um acorde maior, como podemos ver no segundo compasso do exemplo 46, no seu subV será usada a escala alterada, como podemos observar no segundo compasso do exemplo 47 (cuidado com as enarmonizações utilizadas na escala sobre o D♭7 – foi usado como critério respeitar a estrutura da escala alterada – F, 2m, 2+, 3M, 4+, 6m e 7m). Tal aplicação tornará o dominante original mixo 11+, como também podemos verificar no exemplo 46.

Exemplo 46

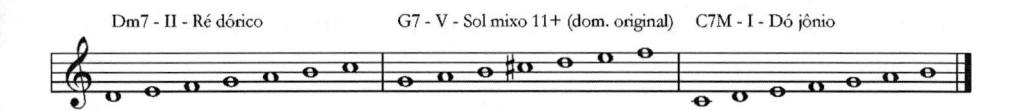

Exemplo 47

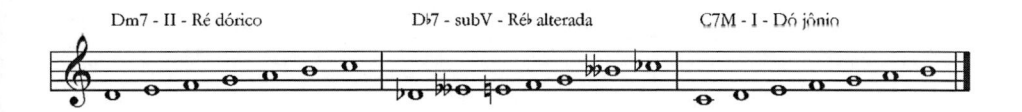

Se o dominante original for dominante de um acorde menor, como podemos ver no segundo compasso do exemplo 48, no seu subV será usado o mixo 11+, como é possível observar no exemplo 49. Tal aplicação tornará, portanto, o dominante original alterado, como podemos ver no exemplo 48.

Exemplo 48

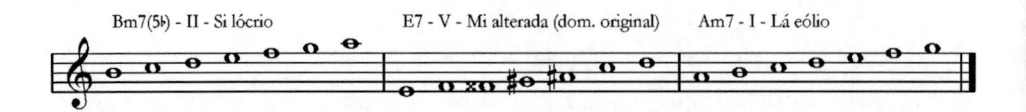

Bm7(5♭) - II - Si lócrio   E7 - V - Mi alterada (dom. original)   Am7 - I - Lá eólio

Exemplo 49

Bm7(5♭) - II - Si lócrio   B♭7 - subV - Si♭ mixo 11+   Am7 - I - Lá eólio

Todavia, como citado anteriormente, é possível utilizar para o dominante original de um acorde menor a escala alterada (exemplo 50), o que tornará o seu subV mixo 11+ (exemplo 51). Devemos apenas ter o cuidado de verificar se tal aplicação não causará choques com a melodia, criando intervalos de 9m em lugares indesejados. É bom lembrar que os critérios aqui usados para escolher as escalas para improvisação neste tipo de acorde servem tanto para os substitutos dos dominantes originais quanto para os substitutos dos dominantes secundários.

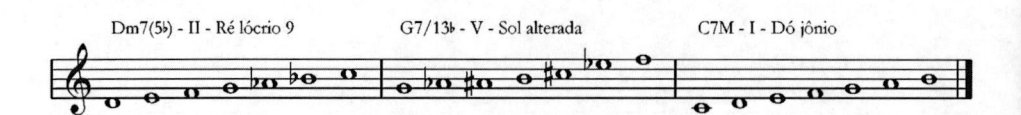

Exemplo 50

Dm7(5♭) - II - Ré lócrio 9   G7/13♭ - V - Sol alterada   C7M - I - Dó jônio

Exemplo 51

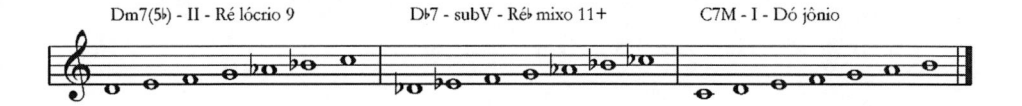

Repare que nos exemplos 50 e 51 está sendo utilizado o modo lócrio 9 no acorde Dm7(5♭). Tal opção se deve ao fato de que a nota Mi (a 9M do lócrio 9) é diatônica nessa situação – Dó Maior. Se estivéssemos em Dó menor, certamente a escala utilizada nessa situação seria o modo lócrio – que possui a nona menor.

OUTRAS POSSIBILIDADES PARA ACORDES DOMINANTES

Para que um acorde tenha sonoridade dominante é essencial que o mesmo possua o trítono, como já vimos. Sendo tal intervalo a principal essência do acorde dominante, é possível que outros formatos de acordes, que não o tradicional existente no V grau, tenham essa característica, desde que os mesmos possuam o trítono. Vale ressaltar que tal abertura na visualização e entendimento do acorde dominante não se dá apenas com o dominante principal, mas também com os secundários.

Podemos separar os acordes dominantes em dois grupos: os diatônicos (que não usam notas que não fazem parte da tonalidade original) e os não diatônicos (que em alguns momentos usam notas alheias ao tom).

8.1 Os dominantes diatônicos

São considerados acordes diatônicos o V7, o VIIm7(5♭) e o IIm6. No exemplo 52, em Dó Maior, repare que todos esses acordes possuem o trítono Si-Fá.

Exemplo 52

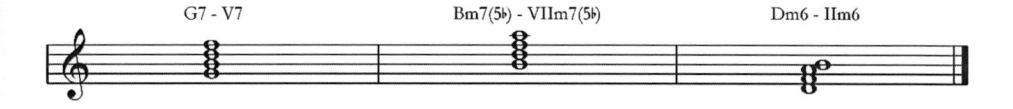

8.2 Os dominantes não diatônicos

São considerados dominantes não diatônicos o subV(♭II7), o ♭VIm6, o IVm7(5♭) e o VII°, sendo que este último engloba todos os outros diminutos com ele relacionados – II°, IV° e ♭VI°, já que esse tipo de acorde é simétrico, como veremos posteriormente. Podemos observar tais acordes no exemplo 53, em Dó Maior.

Exemplo 53

Veja que todos esses acordes contêm o mesmo trítono, apesar de possuírem notas não pertencentes ao tom (portanto, não diatônicas). Em todo caso, deve-se tomar cuidado com as enarmonizações, pois em alguns acordes o trítono aparece como Fá-Dó♭ e não Si-Fá, como, por exemplo, no ♭VIm6. Para usar tais dominantes, devemos sempre verificar se as notas do mesmo não irão causar choques com a melodia.

O SUBDOMINANTE MENOR

No campo harmônico maior, o quarto grau, que possui função subdominante, é um acorde maior. Porém, existe também a possibilidade, neste mesmo ponto, de se usar um acorde menor. Tal acorde é conhecido como subdominante menor. Normalmente, tal acorde vem acrescido da 6M ou 7M, mas em alguns casos podemos encontrar o subdominante menor com 7m.

Existem outros acordes que também estão relacionados com o subdominante menor, sendo que os mais frequentes são ♭VII7, ♭VIIsus, IIm7(5♭), ♭VI7M e ♭II7M. Todos esses acordes são originários da escala menor melódica a partir do IV grau (sendo considerados os graus sexto e sétimo, ambos, com e sem alteração – exemplo 54).

Exemplo 54: Fá menor melódica

9.1 Acordes relacionados com o subdominante menor

No exemplo 55 é possível observar o esquema completo com todos os acordes possíveis a partir da escala de Fá menor melódica citada no exemplo 54. Tais acordes geram um enorme contraste com os dominantes secundários, em sua maioria acordes originários da região do dominante. Não que exista a necessidade de se utilizar todos esses acordes, vários deles são raramente encontrados. Ou, quando aparecem, possuem outra função: o C7, por exemplo, normalmente surge, no contexto citado como V/IV. Mas eles podem ser usados se houver necessidade de um desenvolvimento maior da harmonia em questão. Em linhas gerais, os acordes que são usados com função de subdominante na maior parte das vezes são: IVm6; IVm7M; IVm7; ♭VII7, ♭VIIsus, IIm7(5♭), ♭VI7M e ♭II7M.

O subdominante menor é de extrema importância dentro do tonalismo, pois será a ligação entre o tom original e outros bastante distantes como, por exemplo, em modulações dos níveis 3 e 4, como será abordado adiante.

Exemplo 55: acordes relacionados com o subdominante menor (em Dó Maior)

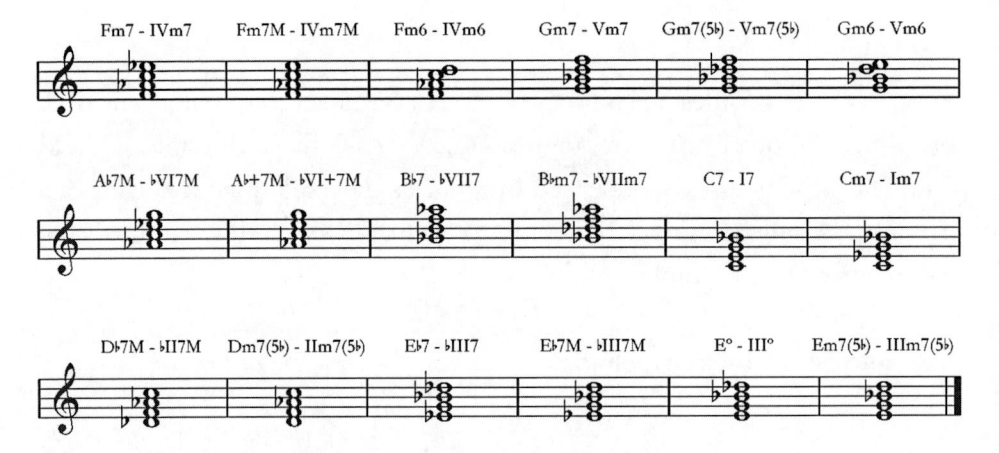

9.2 Improvisando sobre o subdominante menor

Na maior parte das vezes, o subdominante menor é um acorde menor com sexta maior ou sétima maior. Nesses casos, a menor melódica (ou dórico 7M) é a melhor opção para se improvisar, como podemos observar no exemplo 56, em Mi Maior, em que foi usada a escala de Lá menor melódica sobre o Am6, ou no exemplo 57, em Ré Maior, em que foi utilizada a escala de Sol menor melódica sobre o Gm7M.

No caso do acorde com sexta maior, não é interessante usar o modo dórico, pois a 7m do modo se chocará com a 6M do acorde, formando, assim, um intervalo de 9m, que como já vimos, deve ser evitado. Se o subdominante menor possui sétima menor, deve-se usar o modo dórico, pois é a opção com menos notas evitadas, como podemos ver no exemplo 58, em Si♭ Maior, em que usamos o modo dórico sobre o E♭m7, ou no exemplo 59, em Sol Maior, em que usamos a mesma escala sobre o Cm7.

Exemplo 56

Exemplo 57

Exemplo 58

Exemplo 59

Para improvisar e conduzir sobre os outros acordes relacionados ao subdominante menor, deve-se ter como parâmetro sempre usar o menor número possível de notas evitadas.

Por exemplo: no acorde ♭VII7, devemos usar o modo mixo 11+, como podemos ver no segundo compasso do exemplo 60. No caso do ♭VIIsus, podemos usar o mixolídio, porém, evitando a 3M neste caso, como é possível observar no quarto compasso do exemplo 60. No mixolídio, como já vimos, a 4J é evitada, mas neste caso a situação se inverte, portanto, a terça deve ser omitida. No acorde ♭II7M, no segundo compasso do exemplo 61, devemos usar o lídio, assim como no ♭VI7M, no quarto compasso do exemplo 61. No acorde meio-diminuto existente no segundo compasso do exemplo 62, devemos usar o modo lócrio 9, pois a 9m não será diatônica nesta situação. Neste mesmo exemplo, repare o uso da escala alterada no V e tome cuidado com as enarmonizações existentes na escala deste compasso.

Exemplo 60

Exemplo 61

Exemplo 62

Exemplos analisados

Como exemplo do material utilizado até agora, no exemplo 63 podemos encontrar a análise de um clássico da bossa-nova, "Se é tarde me perdoa" (Carlos Lyra e Ronaldo Bôscoli), e no exemplo 64 a análise de um tipo de harmonia bastante utilizada no jazz, que é conhecida como "Rhythm changes". Como complemento, teremos também na sequência alguns comentários sobre a harmonia e a melodia de um conhecido clássico de jazz, "All of me" (Simone/Marks).

Se é tarde me perdoa - Exemplo 63
Carlos Lyra e Ronaldo Bôscoli

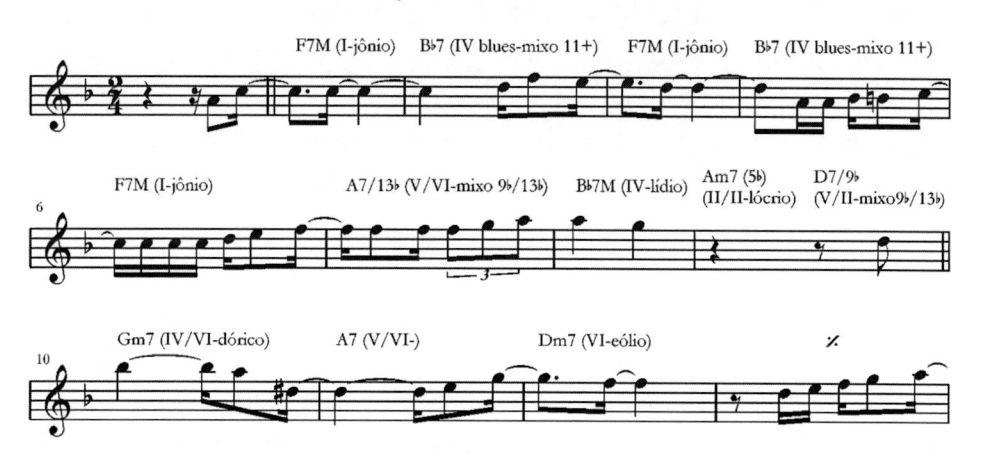

© Copyright 1974 by Irmãos Vitale S/A Ind. e Com. – São Paulo – Rio de Janeiro – Brasil.
Todos os direitos autorais reservados para todos os países.
All rights reserved – International Copyright Secured.

continua...

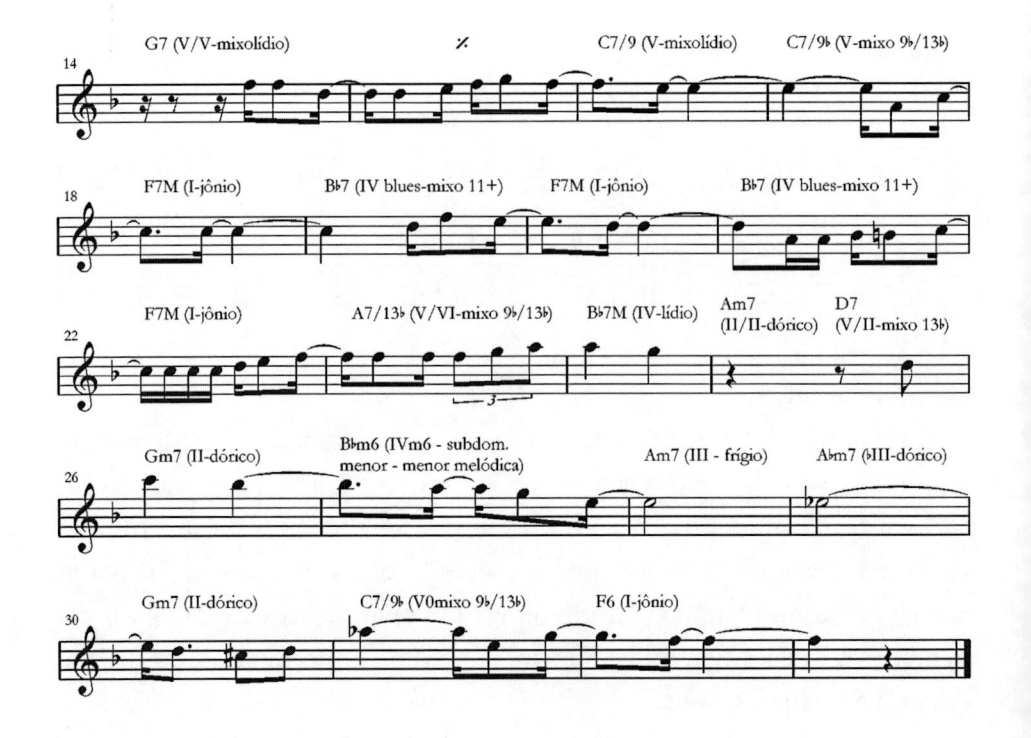

Análise harmônica e melódica de "Se é tarde me perdoa"
(Carlos Lyra e Ronaldo Bôscoli)

Com relação à estrutura harmônica desta peça, nota-se a utilização do IV blues nos compassos 2 e 4 de ambas as partes A. Devemos lembrar que o modo mixo 11+ foi escolhido como opção nesta análise não só por ser a escala com menos notas evitadas disponível nesta situação, mas também por ser a mais largamente utilizada, de maneira geral, pela grande maioria dos arranjadores e improvisadores para este caso.

É importante ressaltar a cadência de engano existente nos compassos 6 e 7. O acorde A7/13♭, que pode ser analisado como V/VI, pressupõe a ida para o acorde Dm7. Porém, tal cadência não se concretiza, já que no lugar da cadência V/VI-VI, podemos encontrar nos compassos citados a cadência V/VI – IV, o que configura uma cadência de engano. Na maior parte das vezes, a cadência de engano acontece quando a resolução do acorde dominante principal no I é frustrada e, no lugar do I, encontra-se o VI da tonalidade em questão. Porém, devemos citar que a cadência de engano diz respeito somente à frustração da resolução do acorde dominante e não exatamente à troca do movimento V-I pelo movimento V-VI. Ou seja, nas interrupções cadenciais, podemos encontrar também outros graus substituindo o I que não apenas o VI, assim como é possível afirmar que podem ser encontradas cadências de engano secundárias, como acontece nos compassos 6 e 7 do tema analisado.

No acorde A7/11+ do compasso 10, se seguirmos os critérios propostos neste método para a utilização de escalas em dominantes secundários (notas do arpejo+notas restantes do tom+notas da melodia), podemos chegar ao resultado encontrado na análise da partitura: Lá dom-dim, já que o mixo 9♭/13♭ não é possível se respeitarmos a melodia, já que esta possui o Ré♯ (a 4+ do acorde), contrariando o 4J presente na escala Lá mixo 9♭/13♭. No acorde citado, talvez fosse possível também a escala Lá mixo 11+, porém, em linhas gerais, não é comum a utilização do mixo 11+ em dominantes de acordes menores, portanto, certamente a opção mais viável para improvisação neste acorde é a escala Lá dom-dim. Obviamente, diferentes improvisadores podem fazer escolhas distintas em situações como estas, sendo que, em boa parte das vezes, tais opções se devem muito mais a questões estéticas do que a argumentos puramente teóricos.

No final da primeira parte A, nos compassos 16 e 17, faz-se necessário notar também a movimentação das vozes internas dos acordes: a nona maior do C7/9 se move para a 9m do acorde C7/9♭. Melodicamente é de grande importância observar, mais uma vez, a intensa utilização de síncopas durante toda a melodia deste tema, o que, sem dúvida, é uma das características mais marcantes do samba e suas variações. Também é essencial ressaltar a estruturação da melodia em ambas as partes A, sendo que cada parte possui duas frases, separadas pela pausa do compasso 9. Essas quatro frases musicais podem ser facilmente visualizadas, observando-se a estrutura da letra do tema. Apesar de conter pequenas variações nas síncopas, podemos observar claramente que todas as idéias melódicas partem de um mesmo motivo, sendo que os mesmos são apenas desenvolvidos de maneiras diferentes. Perceba também o cromatismo existente no compasso 4, ligando a fundamental do acorde Bb7 com a 5J do F7M do compasso seguinte. No final da segunda parte A, o compositor utiliza o acorde Bbm6, que neste contexto deve ser analisado como subdominante menor. Observe que, nesta melodia, há as notas Lá e Sol, o que pressupõe a utilização da escala Si bemol menor melódica, já que estas representam, respectivamente, a 7M e 6M do acorde citado. Para o penúltimo acorde, o C7/9b, foi escolhida a escala Dó mixo 9b/13b, tanto devido a 9m presente na harmonia quanto pelo Lá bemol presente na melodia, o que representa a 6m do acorde em questão.

Também é possível verificar no final da segunda parte A, um movimento cromático existente na harmonia, entre o graus II e III. Tal movimento é largamente utilizado por diversos compositores, improvisadores e arranjadores, assim como o cromatismo existente na melodia daquele momento.

Rhythm Changes - Exemplo 64

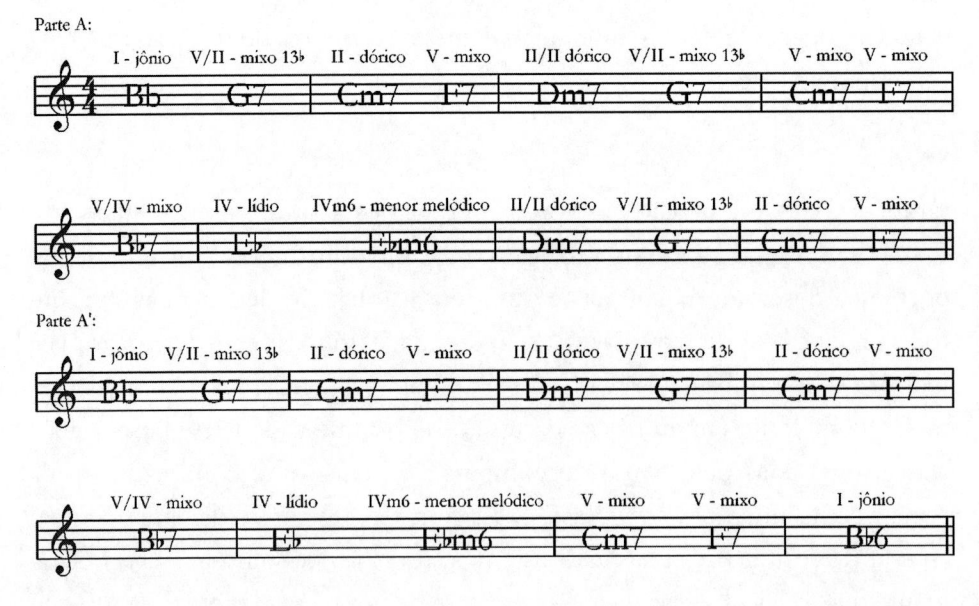

Parte A:

I - jônio	V/II - mixo 13b	II - dórico	V - mixo	II/II dórico	V/II - mixo 13b	V - mixo	V - mixo
Bb	G7	Cm7	F7	Dm7	G7	Cm7	F7

V/IV - mixo	IV - lídio	IVm6 - menor melódico	II/II dórico	V/II - mixo 13b	II - dórico	V - mixo
Bb7	Eb	Ebm6	Dm7	G7	Cm7	F7

Parte A':

I - jônio	V/II - mixo 13b	II - dórico	V - mixo	II/II dórico	V/II - mixo 13b	II - dórico	V - mixo
Bb	G7	Cm7	F7	Dm7	G7	Cm7	F7

V/IV - mixo	IV - lídio	IVm6 - menor melódico	V - mixo	V - mixo	I - jônio
Bb7	Eb	Ebm6	Cm7	F7	Bb6

Domínio público.

continua...

Parte B:

V/VI - mixo 13♭	V/II - mixo 13♭	V/V mixo	V - mixo
D7 %	G7 %	C7 %	F7 %

Parte A'':

I - jônio	V/II - mixo 13♭	II - dórico	V - mixo	II/II dórico	V/II - mixo 13♭	II - dórico	V - mixo
B♭	G7	Cm7	F7	Dm7	G7	Cm7	F7

II/IV - dórico	V/IV - mixo	IV - lídio	IVm6 - menor melódico	II - dórico	V - mixo	I - jônio
Fm7	B♭7	E♭	E♭m6	Cm7	F7	B♭

Comentário sobre a análise harmônica de "Rhythm changes"

Com estrutura AABA, a forma do "Rhythm changes" foi muito usada pelos músicos da época do bebop, que a utilizavam em diversos tons como base para temas e improvisos. Existem alguns exemplos consagrados baseados nesta estrutura, tais como "Antropology" (Charlie Parker) e "Oleo" (Sonny Rollins). A harmonia do "Rhythm changes" é uma forma mais sofisticada da harmonia de "I got rhythm", de George Gershwin, por isso tal denominação é usada. Ressalta-se a importância de analisar as melodias dos temas citados para se ter idéia de como se pode utilizar todo o material aqui proposto, já que grande parte dos complexos temas do bebop surgiram de improvisos dos músicos da época. Por isso é importante lembrar que a harmonia proposta aqui pode sofrer pequenas alterações, dependendo do tema e da transcrição em questão.

Observe que o acorde existente na segunda metade dos compassos 6, 14 e 30. Trata-se do subdominante menor (que pode ser IVm7M, IVm6 e IVm7). Para se improvisar neste tipo de acorde, é comum utilizar-se a menor melódica (se for IVm7M ou IVm6) ou dórico (se for IVm7) a exemplo do que fora tratado no capítulo 9.

Observe as cadências (principais e secundárias) e os movimentos harmônicos existentes por todo o tema, como o II/II – V/II existente no 3º compasso ou o II/IV – V/IV existente no compasso 29. Ainda sobre as cadências, observe o aspecto suspensivo do final da primeira parte A, que tem como objetivo preparar a repetição da mesma. E perceba também o aspecto conclusivo da segunda parte A, com uma cadência II-V-I nos compassos 15 e 16. Na parte B, a harmonia tem menor movimentação – e isso serve de contraste com relação à parte A. A parte B é formada por um ciclo de dominantes – recurso bastante usado em situações tonais – que caminham em movimentos fortes (quartas ascendentes) até o dominante principal, que prepara o retorno da parte A no final. Muitos improvisadores utilizam, neste trecho, no lugar das escalas aqui citadas, o modo mixo 11+ (por conter menos notas evitadas) ou a dom-dim (que será estudada posteriormente). Repare que o final da última parte A também possui caráter conclusivo.

Comentário sobre o clássico "All of me" (Simone/Marks)

Como mais um exemplo da aplicação de todo o material estudado até agora, vamos tecer alguns comentários a respeito do clássico "All of me", que possui forma AA, e que certamente é também um dos mais estudados por músicos de jazz de todo o mundo e pode ser facilmente encontrado no *Realbook*. Preste atenção às cadências existentes durante todo o tema. Repare nos dominantes secundários existentes, por exemplo, nos compassos 3, 5 , 9 e 13, e lembre-se do critério que costuma ser utilizado para se escolher as escalas em tais acordes (notas do arpejo+notas restantes do tom+notas da melodia). Lembre-se que no compasso 13, além do mixolídio, também pode ser usado o mixo 11+, já que a 4+ também é disponível nesta situação, já que a nota Sol não é citada na melodia deste compasso.

No compasso 27 de "All of me", alguns instrumentistas utilizam o Em7 no lugar do C7M, sendo que o Em7 pode ser analisado de duas maneiras: como III (frígio) ou II/II (dórico), sendo que a segunda opção será a adotada aqui, já que a sexta maior é disponível nesta situação e analisando o trecho desta maneira tem-se uma idéia clara da cadência II-V que acontece aqui. Observe também que a utilização do modo dórico nesta situação, já que a melodia não cita a 9m nem a 9M, abrindo portanto esse precedente. Tal fenômeno acontece também com diversos outros temas presentes no *Realbook*, para os quais são conhecidas diferentes harmonias que são, comumente, utilizadas pelos músicos para um mesmo tema. Esses diferentes acompanhamentos, muitas vezes, ficaram conhecidos devido às interpretações e aos arranjos distintos que foram dados por diferentes músicos para uma mesma composição, agregando a esta diferentes concepções harmônicas com o passar do tempo.

Observe que no subdominante menor existente no compasso 26 de "All of me" deve ser utilizada a escala menor melódica, já que se trata de um acorde menor com sexta maior, exemplo do que foi citado anteriormente sobre tal situação. Perceba também alguns tipos de *turnaround* que podem ser utilizados nos dois últimos compassos, em que se costuma utilizar uma movimentação harmônica maior do que no restante da peça (dois acordes por compasso). Normalmente, a cadência harmônica existente neste trecho é I-V/II-II-V, porém, existem muitas possibilidades para *turnarounds*, sendo algo essencial para o músico improvisador e/ou harmonizador, já que os mesmos podem ser transpostos e aplicados em grande parte dos clássicos de jazz e bossa-nova conhecidos. Obviamente, existem outras formas de *turnaround* aplicáveis na conclusão desta peça, todavia para se fazer algum tipo de rearmonização é de essencial importância observar se a substituição dos acordes não causará choques com a melodia. Algumas substituições possíveis para o final de "All of me": I - subV/II - II - V; I - subV/II - V/V - V; I - Valt/II - subV/V - V; I - VI - subV/V - V.

Com relação à melodia de "All of me", observe que a mesma sempre respeita a estrutura harmônica do momento (e vice-versa): No primeiro compasso é utilizada a nota Sol natural, já que o acorde do momento é o C7M. No terceiro compasso, a melodia utiliza o Sol♯, sendo que esta nota é a 3M do acorde do momento, o E7. Procure perceber o tratamento motívico dado à estrutura melódica desta canção, que possui períodos, frases, perguntas e respostas.

O motivo principal desta peça é estabelecido nos quatro primeiros compassos e, apesar de sofrer algumas variações, permanece praticamente o mesmo até o final do compasso 24. A partir deste ponto, é possível notar a utilização de um outro motivo, secundário, e que será usado para a conclusão da peça.

O compositor de "All of me" também utiliza alguns cromatismos na elaboração da melodia, como é possível observar nos compassos 9 e 13. No compasso 9, o Mi bemol que caracteriza o cromatismo está "cercado" de notas que fazem parte da estrutura do acorde do momento, já que o Mi é a fundamental e o Ré é a sétima menor do acorde em questão. Algo parecido acontece no compasso 13, em que o Si natural não é nota do acorde, mas faz parte da escala do momento (Ré mixolídio ou Ré mixo 11+). Ao lado da nota Lá, que é a 5J do acorde do momento, o Si natural "cerca" o Si bemol, que caracteriza o cromatismo neste ponto. Este critério pode ser levado em consideração também para se improvisar neste ou em outros clássicos: é possível utilizar diversas técnicas relacionadas com o uso de cromatismos e que, certamente, podem ser muito viáveis dentro do jazz do ponto de vista estético, porém, é essencial que as resoluções destes cromatismos recebam os tratamentos adequados para que tal recurso possa ser mais bem aproveitado.

Capítulo 10

ACORDES DIMINUTOS

Alguns tipos de acordes são, assim como certas escalas, considerados simétricos, ou seja, possuem intervalos regulares em sua estrutura, tornando, dessa forma, redundantes algumas de suas rotações e inversões.

A tétrade diminuta (cujo acorde resultante também é conhecido como diminutão) é uma dessas estruturas. Sendo uma sobreposição de três terças menores, quando se inverte um acorde simétrico como este, a sensação é de que a nota que se encontra no baixo toma as proporções de uma fundamental. Soma-se a isso o fato que a enarmonização é um recurso largamente utilizado nas cifragens da música popular, e em grande parte das vezes, isso é feito sem nenhum critério, e a confusão está armada. Como podemos observar no exemplo 65, o primeiro acorde é um B°. Quando colocamos a terça deste acorde no baixo, o que se escuta é um D° (repare na enarnomização: a nota Si torna-se um Dó bemol). Se invertermos novamente, o que se ouve é um F° (repare na enarmonização do Si, que se torna um Dó bemol, e do Ré, que se torna um Mi dobrado bemol). Invertendo mais uma vez, temos um A♭° (repare na enarmonização do Si, que se torna um Dó bemol; do Ré, que se torna um Mi dobrado bemol e do Fá, que se torna um Sol dobrado bemol).

Exemplo 65

Se cada acorde diminuto possui os mesmos sons de outros três e, portanto, a mesma estrutura se repete a cada terça menor, podemos afirmar que o acorde diminuto é redundante. Em suma, são apenas três as estruturas diminutas – o resto é repetição. O mais importante é que se tenha plena consciência de qual é a função real do acorde diminuto, ou seja, qual dominante ele substitui, para que se possa utilizar a cifragem correta para cada situação. Na tabela abaixo, é possível perceber quais acordes são correspondentes entre si, apesar de suas rearmonizações:

C° = E♭° = G♭° = A°
C♯° = E° = G° = B♭°
D° = F° = A♭° = B°

10.1 Resoluções possíveis para acordes diminutos

A tétrade diminuta possui dois trítonos, por isso, pode ter função dominante, já que tal intervalo é essencial para que um acorde tenha esta característica. Um trítono pode gerar dois acordes dominantes diferentes, sendo que um é o dominante substituto do outro, a exemplo do que já estudamos no capítulo sobre o subV. Tendo o acorde diminuto dois trítonos, a mesma tétrade pode estar relacionada com quatro acordes dominantes diferentes. Arnold Schoenberg define em seu *Tratado de harmonia* este tipo de acorde como "errante", já que ele pode seguir vários caminhos diferentes, dependendo do contexto com o qual está relacionado. Portanto, para descobrir a função real de um acorde diminuto, devemos sempre observar a cadência com a qual o mesmo está envolvido, tendo como parâmetro o fato de que o acorde diminuto pressupõe um dominante que não está aparente, isto é, este tipo de acorde funciona como um coringa, sempre substituindo alguém. E nesta questão, devemos ter muito critério para lidar com as enarmonizações. No exemplo 66, temos um F♯° no primeiro compasso. O primeiro trítono deste acorde (Fá♯-Dó ou Dó-Sol♭) pode gerar um D7 ou um A♭7, como podemos observar no segundo e terceiro compassos do mesmo exemplo. O segundo trítono deste acorde (Lá-Mi♭ ou Ré♯-Lá) pode gerar um F7 ou um B7, como é possível observar nos compassos terceiro e quarto do exemplo 66.

Exemplo 66

10.2. Improvisando sobre acordes diminutos

As possibilidades para improvisar no acorde diminuto vão depender do contexto com o qual ele está envolvido. Antes, devemos descobrir qual a sua real função. Em linhas gerais, quando o acorde diminuto resolve ascendentemente, ele está substituindo o V do acorde de chegada. Quando encontrado numa situação descendente, normalmente o acorde diminuto substitui o V/V. Portanto, para descobrir qual escala será usada nesta situação é necessário saber qual escala será utilizada no acorde dominante que o diminuto substitui. E como citado anteriormente, é de essencial importância que se tenha muito critério para lidar com as enarmonizações tão presentes neste tipo de acorde, utilizando para o acorde diminuto em questão uma cifragem que seja coerente com a sua real função.

Capítulo 11

ESCALAS DOM-DIM E DIMINUTA

A dom-dim também é um tipo de escala simétrica, portanto, possui limites quando se trata da sua transposição. Esta escala é formada por intervalos regulares de semitom e tom, por isso se repete a cada terça menor. A estrutura intervalar da dom-dim é F, 2m, 2+, 3M, 4+, 5J, 6M e 7m.

A dom-dim possui 8 notas, por isso também é conhecida como escala octatônica. No exemplo 67, temos a escala de Dó dom-dim:

Exemplo 67: escala de Dó dom-dim

Pode-se pensar também que a dom-dim é formada por dois arpejos diminutos (no exemplo 67, C° e D♭° – cuidado com as enarmonizações). E, se como vimos anteriormente, cada acorde/arpejo diminuto possui dois trítonos, a dom-dim possui em sua estrutura quatro trítonos. Na escala do exemplo 67, Dó dom-dim, os trítonos são os seguintes: Dó-Fá sustenido, Ré bemol-Sol, Mi bemol-Lá e Mi-Si bemol.

11.1 Acordes gerados pela escala dom-dim

Uma questão importante a ser ressaltada com relação à dom-dim é a sua extensa gama de acordes possíveis a partir de uma mesma fundamental. No exemplo 68 estão algumas das possibilidades harmônicas a partir das duas primeiras notas da mesma escala citada no exemplo 67, Dó dom-dim:

Exemplo 68

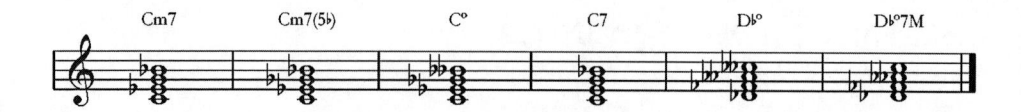

As mesmas possibilidades podem ser encontradas nos graus seguintes. Sendo a escala simétrica, os acordes gerados pelos graus restantes também serão simétricos. Repare, portanto, que existem diversas possibilidades a partir do mesmo ponto.

11.2 Estrutura da escala diminuta

A inversão da dom-dim, ou seja, quando a escala começa com semitom, é conhecida como escala diminuta ou dim-dom (iremos adotar a primeira possibilidade para evitar confusões com nomenclaturas). Os intervalos desta escala são: F, 2M, 3m, 4J, 5°, 6m, 7° e 7M. (repare no Si♭♭ – é a sétima diminuta). Observe, no exemplo 69, a estrutura intervalar da escala de Dó diminuta.

Exemplo 69: escala de Dó diminuta

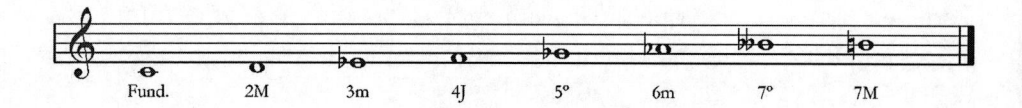

11.3 Improvisando com as escalas dom-dim e diminuta

A dom-dim costuma ser utilizada pelos improvisadores em acordes dominantes (principais, secundários ou substitutos) e que comportem os seguintes intervalos, que obviamente caracterizam a dom-dim: F, 2m, 2+, 3M, 4+, 5J, 6M e 7m. Como sempre, devemos observar se a melodia do momento permite o uso das tensões inerentes à dom-dim.

Sendo um material simétrico, a dom-dim é campo fértil para o uso de progressões, tanto melódicas quanto harmônicas. Uma frase construída com a dom-dim pode ser facilmente transposta e aplicada em terças menores acima ou abaixo, sem nenhuma alteração na sua estrutura intervalar, já que a dom-dim é simétrica. O guitarrista Nelson Faria, em seu livro "A arte da improvisação - para todos os instrumentos" propõe diversas possibilidades de progressões para esta e outras escalas comumente utilizadas para improvisação jazzística.

A escala diminuta pode ser utilizada em acordes diminutos que suportem os seguintes intervalos: F, 2M, 3m, 4J, 5º, 6m, 7º e 7M, que, como também citado anteriormente, caracterizam a escala diminuta. Dependendo da função do acorde diminuto, como também já foi citado no capítulo sobre esse tipo de acorde, podem ser utilizadas outras escalas. Obviamente, pode-se citar aqui novamente a possibilidade de transposição em terças menores acima ou abaixo.

Capítulo 12

ACORDES AUMENTADOS

A tríade aumentada, assim como a tétrade diminuta, é um acorde simétrico, já que as notas de sua estrutura possuem intervalos regulares entre si. Portanto, é um acorde que não possui inversão, já que quando colocamos a terça deste tipo de acorde no baixo, a mesma acaba por tomar proporções de fundamental, a exemplo do que acontece com a tétrade diminuta. No primeiro compasso do exemplo 70, temos um C+. Quando colocamos a terça deste acorde no baixo, o que se escuta é um E+, como podemos observar no segundo compasso (repare na enarmonização: o Dó torna-se um Si♯). Se invertermos novamente, temos um G♯+, como é possível notar no terceiro compasso deste mesmo exemplo (repare na enarmonização do Dó, que se torna um Si♯, e do Mi, que se torna um Ré♯♯).

Exemplo 70

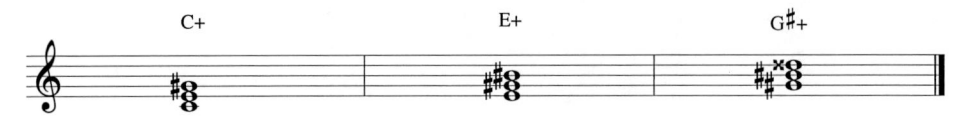

A partir deste raciocínio, podemos concluir que existem apenas três acordes aumentados, sendo o resto apenas repetição, como podemos observar na tabela a seguir:

C+ = E+ = G♯+
D♭+ = F+ = A+
D+ = F♯+ = A♯+
E♭+ = G+ = B+

Vale ressaltar que somente a tríade aumentada não configura uma situação dominante, pois não define a função exata do acorde, já que não possui o trítono.

Capítulo 13

ESCALA DE TONS INTEIROS

A escala de tons inteiros (também conhecida como hexafônica – já que possui seis notas) é composta, como seu nome sugere, por intervalos regulares de um tom, sendo, portanto, simétrica. Sua estrutura intervalar é F, 2M, 3M, 4+, 5+ (que pode ser a 6m) e 7m. Só existem duas escalas de tons inteiros possíveis, como podemos observar a seguir: no exemplo 71, temos uma escala de Dó tons inteiros, enquanto no exemplo 72, temos uma escala de Dó♯ tons inteiros. No exemplo 73, temos a escala de Ré tons inteiros. Repare que esta última possui as mesmas notas da escala de Dó tons inteiros, embora comece em outro ponto. A próxima escala, se continuarmos nesta mesma lógica, será Ré♯ tons inteiros, que será igual a escala de Dó♯ tons inteiros. Portanto, as escalas seguintes serão apenas rotações das duas primeiras. Daí a conclusão de que só existem duas escalas hexafônicas, sendo o resto apenas repetição.

Exemplo 71: escala de Dó tons inteiros

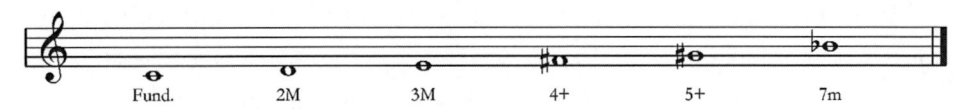

Exemplo 72: escala de Dó# tons inteiros

Exemplo 73: escala de Ré tons inteiros

13.1 Campo harmônico da escala de tons inteiros

Sendo uma escala simétrica, a hexafônica vai gerar um "campo harmônico" também simétrico, com todos os acordes iguais, como é possível notar no exemplo 74. Deve-se tomar muito cuidado com as enarmonizações contidas no exemplo 74. O critério foi manter a estrutura de cada tétrade coerente e evitar acordes com muitos acidentes na sua estrutura. Por exemplo: no primeiro acorde, repare o Si♭ no lugar do Lá♯ (já que o Si♭ é a 7m do acorde).

Exemplo 74: campo harmônico a partir da escala de Dó tons inteiros

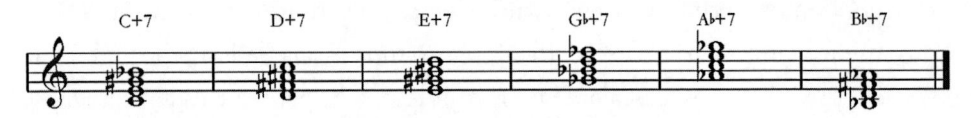

13.2 Improvisando com a escala de tons inteiros

Como vimos anteriormente, a escala hexafônica possui a seguinte configuração intervalar: F, 2M, 3M, 4+, 5+ (que pode ser a 6m) e a 7m. Portanto, costuma ser aplicada em acordes dominantes (principais, secundários ou substitutos) que suportem tais tensões. Assim como citado com relação à dom-dim, a escala de tons inteiros proporciona uma extensa gama de possibilidades de progressões, tanto melódicas quanto harmônicas. Uma frase construída com a escala hexafônica pode ser facilmente transposta e aplicada um, dois três ou mais tons acima ou abaixo, sem nenhuma alteração na sua estrutura intervalar, já que a escala de tons inteiros é simétrica.

Exemplos analisados

Para exemplificar o uso de vários elementos estudados até aqui, tais como os acordes relacionados com o subdominante menor, dominantes secundários, escalas e cadências, vamos analisar a harmonia de um dos temas mais conhecidos da bossa-nova: "Lobo bobo" (Carlos Lyra e Ronaldo Bôscoli), assim como comentar a harmonia de um conhecido clássico de jazz, "Stella by starlight" (Victor Young).

Lobo bobo - Exemplo 75
Carlos Lyra e Ronaldo Bôscoli

Análise harmônica e melódica de "Lobo bobo"
(Carlos Lyra e Ronaldo Bôscoli)

Com relação à construção melódica deste tema, é importante salientar a frase composta por repetições motívicas e estabelecida nos quatro primeiros compassos. Embora o compositor tenha utilizado algumas variações nas figuras rítmicas envolvidas (sendo que as mesmas ainda podem sofrer outras variações, dependendo da interpretação dada à esta melodia), é possível observar, na construção do motivo principal, uma certa regularidade no uso dos intervalos: um salto de sexta ascendente, seguido de um salto de terça ascendente, depois um salto de terça descendente. Na terceira repetição do motivo, que começa uma segunda acima dos anteriores, podemos verificar um salto de sexta, seguido por dois saltos de segunda, um ascendente e outro descendente. No quinto compasso, no acorde E7, no lugar da quarta repetição do motivo, é possível encontrar um cromatismo descendente ligando a 6M do E7 com a sua 5J. A segunda frase da parte A parte do mesmo motivo da frase anterior, porém, para a conclusão deste período, o compositor utiliza duas frases de sentido ascendente que substituem o motivo inicial.

Repare que a parte B começa utilizando o mesmo motivo da parte A, composto por saltos de sextas e terças, só que a composição segue por outros caminhos, utilizando outros motivos, como é possível observar nos compassos 16 e 17, nos acordes C♯m7(5♭) e F♯7, assim como nos compassos 22, 23, 24 e 25. Ressalta-se o contraste gerado pelas notas longas na cabeça dos compassos (pelo menos a princípio) presentes no início da parte C com relação a toda a melodia anterior, construída com muitas movimentações rítmicas. Entretanto, a movimentação rítmica é retomada a partir do compasso 31, em que podemos encontrar algumas frases com síncopas já utilizadas anteriormente nesta composição. No final, teremos a repetição da parte B, que como já citado anteriormente se utiliza do motivo principal da peça. Tal retorno à idéia inicial, certamente, proporciona sentido à composição, já que representa uma reafirmação da idéia musical proposta iniciantemente pela peça.

Harmonicamente, podemos ressaltar o uso do acorde A♯°, funcionando como dominante do acorde Bm7. Como citado no texto sobre os acordes diminutos, estes funcionam como coringas, podendo ter diversas possibilidades de resolução. O acorde A♯° possui dois trítonos: Lá♯-Mi e Dó♯-Sol. Cada trítono possui duas possibilidades de resolução, ou seja, todo e qualquer acorde diminuto possui ao menos quatro resoluções possíveis. No caso do A♯° presente nesta peça, ele substitui o acorde F♯7, já que, de maneira geral, quando encontramos acordes diminutos resolvendo ascendentemente, estes substituem os dominantes dos acordes de chegada, como é possível observar no exemplo citado.

Na parte B, podemos perceber um maior desenvolvimento da harmonia através do uso de elementos como cadências secundárias, como nos compassos 16 e 17, ou então do subdominante menor no compasso 19. No compasso 21 é possível observar um cromatismo também na harmonia com o uso do acorde Cm7. Vale ressaltar que tal expediente é bastante comum em passagens do II para o III grau do campo harmônico maior ou então do IV para o V do campo harmônico menor. No compasso 29, o D° será analisado como dominante do I, a exemplo do que é citado no capítulo 8 descrito como "Outras possibilidades para acordes dominantes". O D° nada mais é do que uma inversão do acorde G♯°. Com relação à escala escolhida para este acorde, normalmente pode-se ter como referência a escala utilizada para o dominante ao qual o acorde diminuto substitui: no dominante original E7, que possui 9m, podemos utilizar a escala Mi mixo 9♭/13♭, o que tornaria a escala sobre o D° dórico 11+. Todavia, outras opções de análise podem ser consideradas: utilizar a escala Ré dom-dim sobre o acorde D° é totalmente cabível, já que tal aplicação não proporciona nenhum tipo de choque com a melodia do momento.

Nos compassos 34, 35 e 36, podemos encontrar uma pequena tonicização em Mi Maior, obtida através de uma cadência II-V-I direcionada para este tom. Como será citado no capítulo sobre modulação, neste caso é possível afirmar facilmente que se trata de uma tonicização, já que a referência do tom inicial da peça não se perde e o Lá Maior continua soando como tônica. Como se pode verificar, a referência da tônica não se anula porque o compositor não confirma a mudança para o novo tom, tampouco permanece nele por um longo tempo, utilizando logo na sequência acordes comuns entre os dois tons (o C#m7 tanto pode ser VI de Mi Maior quanto III de Lá Maior) seguidos de movimentos cadenciais que proporcionam facilmente o retorno para o tom original. Vale citar que a repetição da parte B (que está em Lá Maior), logo depois da parte C (em que se encontra a pequena tonicização), certamente auxilia na confirmação de que o pequeno trecho em Mi Maior não se configura como uma modulação real. Os processos relacionados com modulação e tonicização serão cuidadosamwnte abordados no capítulo 14.

Comentário sobre o tema "Stella by starlight" (Victor Young)

Para exemplificar o uso de vários elementos estudados até aqui, tais como os acordes relacionados com o subdominante menor, dominantes secundários, escalas e cadências, devemos comentar a harmonia de um dos temas mais tocados por músicos de jazz: "Stella by starlight", de Victor Young. É bom lembrar que a partitura desta música pode ser facilmente encontrada no *Realbook*.

A forma desta música pode ser vista de duas maneiras. Em um primeiro momento, podemos considerar que nesta peça existe apenas uma grande parte A. Porém, observando a estrutura de maneira mais aprofundada, é possível também considerar que se trata de uma forma AABA, sendo que cada parte possui 8 compassos.

No Dm7 existente no compasso 11, que deve ser analisado como o III do tom, também pode ser usado o modo dórico, já que a 6M é disponível nesta situação.

A cadência existente nos compassos 12 e 13 pode ser analisada como uma cadência substituta direcionada para o terceiro grau. Podemos analisar dessa forma já que todo V pressupõe um II-V. O acorde do décimo terceiro compasso pode ser considerado como um Dm7 (terceiro grau), porém, com a

9M substituindo a fundamental e com a terça no baixo. É possível analisar este texto também como sendo uma pequena tonicização em Fá Maior, sendo que os acordes do compasso 12 estão relacionados com o subdominante menor de Fá Maior (IVm7 e ♭VII7, respectivamente.

Deve-se lembrar novamente que questões relacionadas com modulação e tonicização serão abordadas no capítulo 14.

O acorde Am7(5♭) do compasso 15 deve ser analisado como II/VI por estar envolvido numa cadência direcionada para o VI. Entretanto, também pode ser analisado como VII. Repare que em ambos os casos, a escala utilizada será a mesma.

No compasso 30, deve-se usar o mixo 9♭/13♭ sobre o F7, pois está sendo utilizada uma cadência II-V para um tom menor, apesar da resolução acontecer num acorde maior. Deve-se levar também em consideração a melodia neste ponto, já que a mesma passa por um Sol bemol (que é a 9m de Fá).

Repare que no acorde G7 dos compassos 17 e 18 é possível utilizar a escala de tons inteiros, já que sua estrutura (F, 2M, 3M, 4+, 6m e 7m) é compatível com as notas disponíveis deste acorde, assim como com a melodia neste ponto.

Em se tratando de composição, podemos citar o estabelecimento do motivo melódico principal logo nos quatro primeiros compassos do tema, sendo que o mesmo é repetido nos quatro compassos seguintes, porém, com mudanças nas alturas das notas. Ao longo da música é possível perceber outras variações rítmicas e melódicas, porém, as frases possuem idéias parecidas, que podem ser consideradas coerentes entre si. Portanto, apesar da harmonia de "Stella by starlight" utilizar recursos esteticamente avançados, a canção não perde o sentido já que o motivo faz a ligação entre os diferentes universos musicais envolvidos. E esta abordagem pode ser muito útil quando se pretende improvisar utilizando como base esqueletos harmônicos de estrutura mais complexa. Neste tema, podemos observar também outro expediente bastante usual no jazz: o repouso da melodia nas notas de tensão de cada acorde. No primeiro compasso, por exemplo, a melodia repousa na nota Lá, que é a 4J do acorde do momento, o Em7(5♭). No terceiro compasso, a frase termina na nota Fá, que é a 4J do acorde Cm7. No compasso 17, a nota Mi bemol representa a 6m do acorde do momento, o G7. Somente em dois pontos da estrutura deste tema é possível encontrar resoluções em consonâncias perfeitas: no sétimo compasso, onde o Si bemol existente na melodia representa a 5J do acorde E♭7M, e no penúltimo compasso, onde a nota Fá configura a 5J do acor-de B♭7M. É de grande importância ressaltar esta característica melódica de "Stella by starlight", já que, de uma maneira geral, este tipo de abordagem, a exemplo do que fora citado anteriormente sobre o tratamento motívico dado a esta melodia, pode ser considerado essencial para uma improvisação que se pretende jazzística. Vale lembrar também que apesar da harmonia da música ser bastante intrincada, a construção da melodia é bastante simples, o que torna a sua memorização e entonação algo bastante acessível.

Capítulo 14

MODULAÇÃO

Chama-se modulação o processo de se mover de um centro tonal para outro, resultando num claro estabelecimento da nova tonalidade. Existem diversos tipos de modulação e diferentes abordagens, sendo que estas podem ser tratadas de maneira bem distinta por diversos autores.

O renomado músico e teórico alemão Arnold Schoenberg defende em seu *Tratado de harmonia* que a modulação não deve ser encarada apenas como algo harmônico, mas que devemos sempre considerar aspectos rítmicos e melódicos. Schoenberg defende que uma modulação nunca acontece por acaso, mas porque o discurso musical em questão precisa seguir naquela direção, como se fosse uma consequência inevitável da idéia inicial.

O teórico alemão organiza os tipos de modulação por níveis, mostrando em seu tratado, com detalhes, os melhores procedimentos para se chegar à nova tonalidade. E, ainda segundo Schoenberg, não se trata de modular gradualmente porque é mais fácil compreender, ou porque temos "leis" que nos mostram qual caminho deve ser seguido, ou ainda porque a nossa maneira de pensar e entender o mundo sugere uma exposição lógica da questão, mas sim porque a obra de arte é nada mais do que um reflexo da nossa forma de pensar e agir, e é esse o entendimento que buscamos quando procuramos esclarecer os processos musicais que levam à modulação.

14.1 Modulação e tonicização

Os autores Stefan Kostka e Dorothy Payne, em seu livro *Tonal harmony*, citam a tênue linha que diferencia a modulação da tonicização como algo não muito claro dentro do pensamento tonal. O que pode ser considerado uma modulação por um ouvinte pode não ser considerado da mesma maneira por outro. Em suma, em muitos casos é uma questão bastante subjetiva.

Em linhas gerais, na modulação o novo tom é claramente confirmado e ganha sonoridade de tônica. Nosso ouvido então não sente mais a necessidade de retorno à tônica anterior.

Numa tonicização, pode-se até usar uma cadência para o novo tom e confirmar-se a mesma, porém, o tom original continuará soando como o centro de toda a situação. De qualquer forma, devemos compreender que em ambos os casos (a modulação e a tonicização), o processo não depende apenas da cadência: é necessário levar em consideração aspectos melódicos e rítmicos, como citado anteriormente.

Podemos dizer que a tonicização acontece no tema "Blue bossa" (Kenny Dorham), por exemplo: apesar de termos uma cadência II-V-I direcionada ao tom de Ré♭ Maior, continuamos com a impressão de que o centro tonal é Dó menor – tanto que logo após a cadência para Ré♭ Maior, temos um retorno para o tom original.

Deve-se lembrar aqui como os conceitos referentes à modulação e tonicização podem não ser totalmente claros e como os aspectos rítmicos podem ter suma importância: apesar de em "Blue bossa" o trecho em Ré♭ Maior ocupar apenas quatro compassos, pode-se observar que este pode não ser considerado um trecho pequeno do tema, já que ele possui apenas 17 compassos. Neste tipo de análise, podemos perceber como tais conceitos podem não ser absolutos.

No tema "Night and day", de Cole Porter, algo semelhante acontece: na parte B, o acorde E♭7M não faz parte do tom original e, apesar deste acorde aparecer duas vezes na parte B, o centro desta música continua sendo Dó Maior.

14.2 Tipos de modulação

As modulações mais fáceis acontecem para os chamados tons vizinhos e seus relativos. São considerados mais simples por terem poucos acidentes de diferença com relação ao tom original. Vamos chamar estas de modulações para o primeiro nível, que pode ser ascendente, se for para Sol Maior ou Mi menor, ou descendente, se for para Fá Maior ou Ré menor. Trata-se de uma referência aos níveis do círculo de quartas e quintas, como podemos observar no exemplo 76.

Exemplo 76

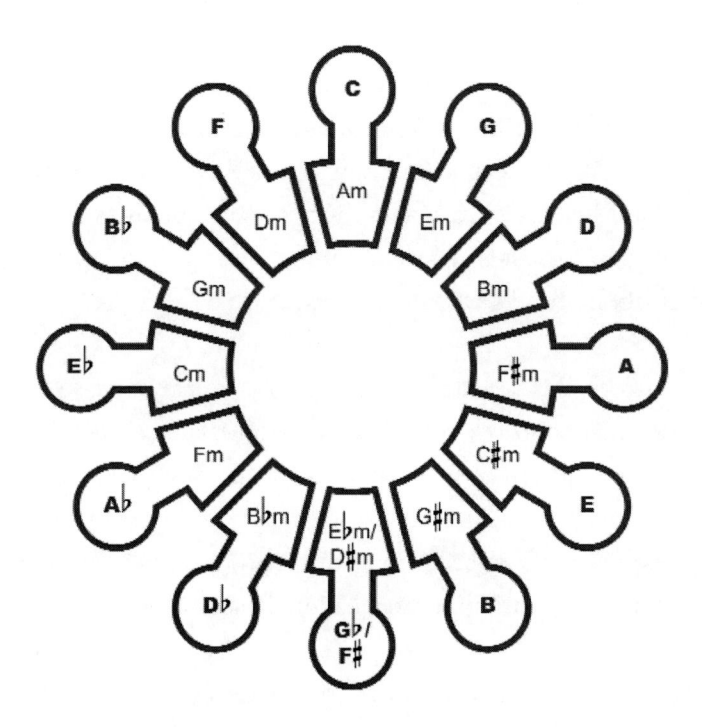

Neste ponto é importante citar mais duas considerações de Schoenberg no seu tratado: em primeiro lugar, o autor cita que o número de acidentes não é o único fator de afinidade entre dois tons. Deve-se levar em conta outros processos, como neste exemplo: Dó Maior e Lá Maior possuem mais afinidade do que Dó Maior e Ré Maior, pois o dominante de Lá Maior é o mesmo dominante do tom relativo de Dó Maior, que é Lá menor. Em segundo lugar, Schoenberg considera o modo menor apenas como uma variação do modo maior, sendo que tal fato pode ser aproveitado quando necessária a realização de uma modulação. Portanto, se estamos em Dó Maior e queremos ir para Mi menor, podemos modular para a região de Sol Maior e só deixar claro que queremos ir para Mi menor na cadência para este tom. O mesmo procedimento pode ser usado quando modulamos para Ré menor passando por Fá Maior. É possível também inverter o processo: para ir de um tom menor para um tom maior, pode-se ir para o relativo menor deste último, e só depois realizar a cadência para o tom maior.

Para uma modulação de primeiro nível é necessário estabelecer quais os acordes são neutros, ou seja, quais não possuem a nota que faz a diferença entre os dois tons. Quando pretendemos modular de Dó Maior para Sol Maior, por exemplo, os acordes denominados neutros são os que não possuem as notas Fá ou Fá♯, ou seja, são possíveis nos dois tons. Quando queremos modular de Dó Maior para Fá Maior, são acordes neutros os que não possuem as notas Si ou Si♭. São estes acordes – também conhecidos como acordes pivô – que vão estabelecer a ligação entre os dois tons.

Depois de introduzidos os acordes da região neutra, deve-se usar o acorde modulante (normalmente o V ou VII do novo tom), fazer a cadência e, se possível, confirmá-la, para que não reste dúvidas sobre o estabelecimento do novo tom. Se a modulação for simples, a cadência poderá ser breve. Se o tipo de modulação exigir procedimentos mais trabalhosos, como em outras situações que veremos a seguir, dificilmente a cadência será curta.

Como citado anteriormente, o número de acidentes não é o único fator para definir a proximidade ou distância entre dois tons. Para se ter uma idéia, os tons que possuem três acidentes de diferença entre si, tais como Dó Maior e Lá Maior ou Lá Maior e Fá♯ Maior, possuem maior afinidade do que os tons com apenas dois acidentes de diferença, como Dó Maior e Ré Maior ou Dó Maior e Si♭ Maior. Para resolver tal questão, podemos eleger uma tonalidade intermediária, sendo que esta fará a ligação entre os dois tons. Portanto, podemos ir de Dó Maior para Ré Maior passando por Sol Maior. Ou de Dó Maior a Si♭ Maior passando por Fá Maior. Podemos estender ainda mais as possibilidades utilizando os relativos menores das tonalidades acima citadas, ou seja, podemos ir de Dó Maior ou Lá menor para Ré Maior ou Si menor passando por Sol Maior ou Mi menor. Ou podemos ir de Dó Maior ou Lá menor para Si♭ Maior ou Sol menor passando por Fá Maior ou Ré menor.

Como é possível observar, o uso de tonalidades intermediárias é importante para certos tipos de modulação. Podemos, em certos casos, utilizar duas tonalidades intermediárias entre o tom inicial e o tom de chegada. Porém, devemos ser, de maneira geral, cautelosos com o seu uso, pois o equilíbrio da situação só se dará se não insistirmos demais na tonalidade intermediária. Do contrário, será necessário esticar a cadência para que as coisas fiquem proporcionais na situação.

Para as modulações de terceiro e quarto níveis, ou seja, quando vamos de Dó Maior para Lá Maior ou Mi Maior, ou quando vamos de Dó Maior para Mi♭ maior e Lá♭ Maior, é possível o benefício, em grande parte dos casos, da igualdade de dominantes. Certamente, este constitui um dos procedimentos mais largamente utilizados para a modulação nestes casos, onde não será necessário utilizar tons intermediários para aproximar os tons em questão.

Quando precisamos modular de Dó Maior para Lá Maior, podemos antes modular para Lá menor e depois aproveitar a igualdade do dominante de Lá menor e Lá Maior, que é o mesmo E7. Realizando-se a cadência para o novo tom, pode-se estabilizar neste sem maiores problemas.

Para modular de Dó Maior para Mi Maior, podemos aproveitar o dominante secundário que caminha para o III de Dó Maior – o B7 – que é o mesmo dominante do tom de chegada em questão – Mi Maior. Existe também a possibilidade de se modular antes para Sol Maior, ir para o relativo menor deste – Mi menor – e aproveitar a igualdade do dominante de Mi menor e Mi Maior. Porém, tal processo não é totalmente necessário, já que o dominante do novo tom pode ocorrer logo após o tom original. Em seu tratado de harmonia, Schoenberg cita também a necessidade da conversão do dominante de um acorde maior para o dominante de um acorde menor, através do uso de um pedal nesse dominante, enquanto as notas características do novo tom são introduzidas.

Para modular de Dó Maior para Mi♭ Maior e Dó menor ou de Dó Maior para Lá♭ Maior e Fá menor, pode-se usar o subdominante menor. Com tal acorde, como já foi citado anteriormente, pode-se ter acesso a regiões que não seriam atingidas através dos outros meios já citados para a modulação. O acorde menor no quarto grau (Fm se estivermos em Dó Maior) pode ser o I de Fá menor, VI de Lá♭ Maior, IV de Dó menor ou II de Mi♭ Maior. Além disso, deve-se citar a facilidade existente em fazer o V/IV soar como o dominante de um acorde menor no quarto grau. Outro ponto interessante a ser comentado é o fato de tais acordes relacionados com o subdominante menor (como citado anteriormente) representarem uma interessante oposição aos dominantes secundários, em sua maioria originários da região do dominante. E vale lembrar novamente que é necessário realizar a cadência no novo tom para que o mesmo se estabeleça com certeza.

Para atingir os tons restantes e seus relativos, podemos fragmentar a modulação em duas ou três etapas, de acordo com o efeito que desejamos obter, já que, em cada etapa, podemos ter disponíveis alguns caminhos distintos e já citados anteriormente.

Em linhas gerais, quando vamos de Dó Maior para Si Maior ou Sol♯ menor – uma modulação de quinto nível – podemos modular antes para o tom vizinho (Sol Maior), e de Sol Maior vamos para Si Maior, aproveitando, para chegar neste último, a igualdade de seu dominante com o dominante do terceiro grau de Sol Maior. Veja que o caminho citado é, certamente, o mais simples, pois se fôssemos para Ré Maior antes de irmos para Si Maior teríamos maiores dificuldades do que seguindo pelo caminho anteriormente citado, ou seja, passando por Sol Maior.

Quando é necessário modular de Dó Maior para Ré♭ Maior, isto é, também uma modulação de quinto nível – o processo será semelhante: deve-se modular para o tom vizinho Fá Maior e deste para Ré♭ Maior. Repare que a ligação entre estes dois últimos tons será feita através do subdominante menor de Fá Maior (B♭m) que será o VI de Ré♭ Maior, conforme o processo já citado anteriormente para este tipo de modulação.

Os tons Fá♯ Maior e Sol♭ Maior estão no extremo oposto de Dó Maior no círculo de tonalidades. Portanto, uma modulação para estes tons configura-se como sendo de sexto nível. E vale lembrar que, neste caso, tanto faz se seguimos no círculo de forma ascendente ou descendente, o ponto de chegada será o mesmo.

Normalmente, decompõe-se tal modulação em duas etapas, subindo três níveis em cada uma. Porém, o 6 pode ser decomposto em 3 + 4 − 1, 4 + 3 − 1, − 1 + 3 + 4, entre outras possibilidades. Deve-se ressaltar que, durante o processo, continua sendo interessante utilizar-se de dominantes secundários, acordes diminutos e outros elementos.

Ressalta-se que tais procedimentos modulatórios não são tão frequentes, já que numa composição que modula de forma tão radical normalmente são utilizados meios mais cortantes e diretos para a realização do processo. Além disso, dificilmente são conseguidos resultados tão claros como quando modulamos para tons mais próximos.

Não vamos considerar aqui a modulação para o sétimo nível e tampouco para os seguintes, já que se queremos modular para Dó♭ Maior, podemos substituir este tom de chegada por Si Maior, e realizar o processo seguindo métodos já descritos. O mesmo acontece se quisermos modular para Dó♯ Maior, sendo que este último pode ser substituído por Ré♭ Maior.

A seguir, teremos a análise de dois choros: "Descendo a serra" (Pixinguinha / Benedicto Lacerda) e "Tico-tico no fubá" (Zequinha Abreu/Eurico Barreiros), em que poderemos encontrar alguns dos tipos de modulação descritos neste capítulo.

Descendo a serra - Exemplo 77
Pixinguinha e Benedito Larcerda

Análise harmônica e melódica de "Descendo a serra"
(Pixinguinha e Benedicto Lacerda)

A peça, que possui a forma ABACA, que também é conhecida como forma rondó, traz a parte A em Dó Maior. No último compasso da parte A, a melodia introduz um Fá♯ – que é a nota que diferencia Dó Maior de Sol Maior – sobre um acorde C, que é um acorde neutro, podendo ser tanto I de Dó Maior como IV de Sol Maior e que prepara a modulação para Sol Maior, que se confirmará logo nos primeiros compassos da parte B. No final da parte B, existe um ciclo de quartas ascendentes feito praticamente por dominantes secundários, até que o acorde G torna-se dominante de Dó Maior, que é o tom da parte A, trecho que faz sua segunda aparição neste momento.

No final da segunda parte A, é introduzido um C7 – que é dominante de Fá Maior, que é o tom da parte C. No final da parte C, o acorde F passa a ser o IV do tom da parte A (Dó Maior), já que é introduzido o Si natural – que é a nota que faz a diferença entre Fá Maior e Dó Maior. Ou seja, apesar de passar por Sol Maior e Fá Maior, que são considerados tons vizinhos de Dó Maior, portanto, modulações que exigem procedimentos mais simples, a peça retorna para o seu tom inicial na sua conclusão.

Repare, na análise harmônica, a escolha das escalas que podem ser utilizadas para se improvisar. Os critérios usados foram os mesmos citados nos capítulos anteriores sobre dominantes secundários, dominantes substitutos, entre outros. No compasso 18, o lídio é a escala a ser usada não só devido ao C ter se transformado em IV, mas porque o Fá♯ é citado na melodia nesse trecho. No compasso 29, o mixo 13♭ foi escolhido devido ao Dó♯ existente na melodia.

Podemos citar também mais alguns pontos importantes sobre a construção da melodia deste tema: observe que a primeira frase da parte A, que vai dos compassos 2 a 5 e que podemos chamar de antecedente, é bastante escalística, sendo construída em boa parte a partir de uma progressão melódica descendente de sete notas. A segunda frase, que vai dos compassos 6 a 9 e que podemos chamar de consequente, funciona como uma resposta à primeira frase, possuindo uma estrutura mais fragmentada, cheia de saltos, em oposição ao primeiro motivo, que como citado anteriormente é bastante escalístico. Ainda sobre a parte A, perceba que em alguns momentos o uso de acidentes ocorrentes está diretamente relacionado com a utilização de dominantes secundários, como podemos observar nos compassos 5, 8 e 13 deste trecho. Em outros momentos, o uso de acidentes ocorrentes está ligado à utilização de aproximações cromático-diatônicas, como é possível observar no compasso 7. O cromatismo existente no final deste compasso não é resolvido imediatamente, já que o Dó♯ vai para o Mi (já no compasso seguinte) antes da sua resolução na nota Ré (na segunda colcheia do compasso 8).

Outra aproximação cromático-diatônica semelhante acontece no compasso 15, a partir da terceira colcheia do primeiro tempo do compasso. Repare que antes da resolução da nota Dó♯ na nota Ré, a melodia passa pela nota Mi, o que caracteriza tal tipo de aproximação.

Na parte B, podemos observar as síncopas nos finais das primeiras frases, como, por exemplo, nos compassos 20 e 22. Em boa parte dos arranjos feitos para este tema, os músicos costumam convencionar a base com este ritmo presente na melodia, o que acaba por caracterizar um recurso largamente utilizado por instrumentistas de choro. Nos compassos 24 e 25, podemos citar a existência de uma hemíola (ou ritmo cruzado), que traz para o ouvinte a falsa impressão de um tempo ternário. Perceba o efeito gerado pelas síncopas (acentos deslocados) nas notas mais agudas de cada um dos pequenos motivos de três notas. E, assim como foi observado na parte A, na B podemos encontrar alguns momentos bastante escalísticos na melodia, como, por exemplo, nos compassos 21 e 32.

Sobre a melodia da parte C, podemos citar a aproximação diatônica no anacruse da primeira frase, seguida de cromatismos e novamente algumas idéias bastante escalísticas, como, por exemplo, nos compassos 41 e 43. Ou seja, existem muitas maneiras de se utilizar o recurso das aproximações, e não necessariamente estas precisam ser somente cromáticas, e tampouco apenas inferiores, e muito menos compreender duas ou três notas. E tais observações dos recursos utilizados pelo compositor nesta e em outras melodias podem ser de vital importância para uma construção mais coerente dos nossos solos e improvisos. Nesta parte do tema, podemos perceber também o uso de alguns cromatismos bastante ousados, como, por exemplo, o Si natural utilizado sobre o acorde C7 existente na segunda metade do compasso 36, 41 ou 43, ou então o Lá natural utilizado na terceira colcheia da segunda metade do compasso 49. Para este último, inclusive, não é possível observar uma resolução clara e imediata, como utilizamos neste tipo de situação. Já a nota Mi bemol existente na última semicolcheia do compasso 45 certamente constitui um adiantamento da 7m do F7 existente no compasso 46.

Tico-tico no fubá - Exemplo 78
Zequinha de Abreu e Eurico Barreiros

Domínio público.

Análise da harmonia e melodia de "Tico-tico no fubá"
(Zequinha Abreu e Eurico Barreiros)

Aqui será analisado um choro bastante conhecido: "Tico-tico no fubá", de Zequinha Abreu e Eurico Barreiros. Este tema, como sabemos, também possui a forma ABACA, também conhecida como forma rondó, assim como "Descendo a serra", analisado anteriormente.

A parte A desta peça está em Lá menor. Para a parte B, acontece uma modulação para Lá Maior. Tal modulação se processa pela facilidade existente devido à igualdade de dominantes entre os dois tons. A mesma propriedade facilita o retorno para a parte A.

Logo depois, temos na parte C uma modulação para o relativo maior (Dó Maior), sendo que esta é também uma das modulações mais simples, como já citamos anteriormente, já que existem poucas diferenças entre os dois tons relativos. Schoenberg considera, em seu *Tratado de harmonia*, o tom menor apenas como um prolongamento do tom maior, sendo, portanto, bastante simples a transição de um ponto para outro, o que volta a acontecer na última exposição da parte A, que é em Lá menor, como citado anteriormente. Assim como acontece com o choro de Pixinguinha analisado anteriormente, esta peça é concluída no tom inicial, apesar de ter flutuado por outras tonalidades. Repare também nas escalas escolhidas para uma possível improvisação sobre os acordes desta harmonia. Na segunda metade do compasso 52, temos um F#°. A escala citada neste ponto – o modo lócrio 7° – foi escolhida pela soma das notas do arpejo, da melodia do momento e as restantes do tom. Este modo não faz parte do universo da escala maior/menor ou menor harmônica e, tampouco, o da menor melódica. O modo lócrio 7° é a sétima rotação da escala conhecida como maior harmônica, cuja estrutura é F, 2M, 3M, 4J, 5J, 6m e 7M. Os modos desta escala são pouco usados e conhecidos, porém, bastante funcionais em situações de empréstimo modal, quando utilizamos acordes pertencentes ao modo menor no modo maior, como, por exemplo, no tema "Night and day", de Cole Porter, além, obviamente, de situações como a descrita aqui. Nota-se, porém, que esta pode não ser a única opção. Existem outras escalas e/ou arpejos que podem ser aplicados, dependendo do efeito que se deseja obter.

Na parte A de "Tico-tico no fubá" é possível observar um fraseado quase jazzístico, devido à grande quantidade de saltos, o que acaba por proporcionar grande fragmentação melódica. A combinação do uso de arpejos, saltos de quartas, cromatismos e semicolcheias torna o fraseado bastante rico, porém, de difícil execução, especialmente em instrumentos como a guitarra, o violão e o contrabaixo, onde saltos de quartas podem ser bastante desconfortáveis quando as afinações padrão são utilizadas.

Na parte B existe uma ampla utilização de arpejos, invertidos ou não, na quase totalidade deste trecho. A melodia da parte B só se torna escalística a partir do compasso 34 e, mesmo assim, neste momento ainda recorre a alguns cromatismos. Repare nas síncopas geradas pelas notas mais agudas de cada arpejo na parte B. Outro ponto importante a ser citado sobre a estrutura desta música é a construção melódica da primeira frase da parte C: anacrúsica, esta começa com um cromatismo que é resolvido na 5J do acorde C existente no compasso 40. No final deste compasso, existe outro cromatismo ligando a 5J do acorde C com a 9M do acorde G7. Posteriormente, podemos observar a repetição do motivo, porém, com algumas variações e adaptações: a frase começa com um cromatismo anacrúsico que é resolvido na fundamental do acorde G7. Observe que na frase final desta parte do tema, o compositor consegue unir idéias escalísticas, utilizar cromatismos e também saltos, tudo dentro de uma mesma idéia melódica, o que ajuda a tornar este tema bastante rico melodicamente.

Capítulo 15

MODALISMO

Uma situação modal acontece quando a fundamental de um determinado modo é definida como centro. Todos os modos conhecidos podem ser usados, tanto os gregorianos como os provenientes apenas das escalas menor harmônica e menor melódica. A princípio, descartaremos o modo jônio, já que o mesmo possui as características chave de todo o sistema tonal.

As diferentes sensações causadas por acordes de funções distintas - que podem ser tônica, subdominante ou dominante - constituem um aspecto fundamental para o tonalismo. Através das cadências harmônicas tonais, que já foram citadas anteriormente, podemos nos afastar e depois retornar para o primeiro ou para quase todos os outros graus do campo harmônico de um determinado tom, utilizando a sensação de tensão causada por um acorde dominante, seja ele principal ou secundário, para chegar ao seu objetivo - o grau do campo harmônico para onde tal acorde necessita se direcionar.

Aí está uma diferença fundamental entre o tonalismo e o modalismo: numa situação modal não existe tensão ou relaxamento. São utilizadas cadências características de cada modo, porém, não existem funções harmônicas que sugerem movimentação ou necessidade de resolução de sensível. Obviamente, existe um acorde que se posiciona como o centro da situação - o primeiro gerado pelo modo em questão - mas não se realiza uma cadência II-V-I ou IV-V-I para se atingir este acorde. No contexto modal, não temos função tônica, subdominante ou dominante. E vale citar que, enquanto no tonalismo os movimentos harmônicos fortes são mais comuns, normalmente em situações modais encontramos diversas movimentações harmônicas fracas.

Vale ressaltar que também não existem notas evitadas em situações modais. Na maioria dos casos, a nota que é considerada evitada para uma situação tonal passa a ser uma nota característica, portanto, essencial numa situação modal. Por exemplo: no modo eólio, a 6m é evitada. Se estivermos numa situação modal, a 6m deste modo torna-se um elemento de extrema importância por ser o intervalo que caracteriza o eólio. O único intervalo que deve ser usado com cautela, mesmo em situações modais, é a 9m. Como já citado neste método, tal intervalo só é interessante em um acorde dominante e quando formado com a fundamental deste – sendo que o acorde não deve estar invertido. Em alguns casos, tal cuidado poderá se mostrar um tanto quanto contraditório – quando a 9m for um intervalo característico do modo, como, por exemplo, no modo frígio ou no modo mixo9♭/13♭, mas deve-se usar tal intervalo com ressalvas quando este não for algo decisivo para a estrutura do modo em questão.

Muitos autores se referem ao tipo de modalismo sobre o qual se discute aqui – o proveniente do século XX – como neomodalismo, já que se trata de um modalismo que se baseia em ferramentas que são originárias do sistema tonal, sendo que a mais importante delas é o acorde.

O acorde, na concepção que se usa hoje, com sobreposição de terças (principalmente) e inversões, é uma estrutura que se consolidou no período clássico, que é a base do tonalismo. Portanto, devemos observar com cautela quando se fala em um "retorno" ao modalismo monofônico ou polifônico, um dos principais alicerces da música produzida na idade média. O modalismo sobre o qual estamos tratando aqui é, antes de tudo, uma continuação de todo o processo de desenvolvimento musical, uma extensão do tonalismo, uma busca por novas sonoridades, uma nova maneira de se debruçar sobre as peculiaridades de cada modo.

No jazz, podemos citar o disco *Kind of blue*, de Miles Davis, como um marco no início do jazz modal. Tal disco representou uma mudança de direção no que se estava fazendo dentro do estilo desde então, quando os músicos do bebop valorizavam as harmonias complexas, tonais e com mudanças rápidas. Podemos citar aqui "Giant steps", de John Coltrane, como maior exemplo.

Nessa nova perspectiva modal, a prioridade era valorizar o clima proporcionado pelo modo utilizado.

A seguir, temos os acordes gerados a partir de cada modo gregoriano. Repare que todas as escalas apresentadas aqui começam na nota Dó. Repare também nas indicações das notas características de cada modo e na relação que tais notas possuem com as evitadas de cada modo em situações tonais que foram citadas no início deste livro.

15.1 Modo dórico

Exemplo 79: modo dórico (F, 2M, 3m, 4J, 5J, 6M, 7m)
Intervalo mais característico: 6M

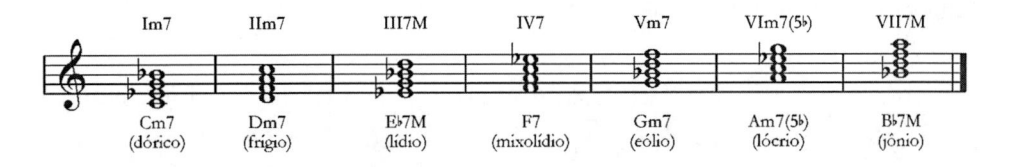

Im7	IIm7	III7M	IV7	Vm7	VIm7(5♭)	VII7M
Cm7 (dórico)	Dm7 (frígio)	E♭7M (lídio)	F7 (mixolídio)	Gm7 (eólio)	Am7(5♭) (lócrio)	B♭7M (jônio)

Repare na estrutura intervalar do modo dórico: F, 2M, 3m, 4J, 5J, 6M, 7m. Uma boa dica para facilitar a visualização das escalas é estabelecer relações entre as diferentes estruturas. Por exemplo: a diferença entre o modo eólio (que é o modo menor) e o modo dórico está na sexta. O eólio possui sexta menor, enquanto o dórico possui sexta maior. E, também por isso, a sexta maior acaba se tornando o intervalo mais característico do modo dórico, já que é o elemento que diferencia esta escala da escala menor. Outra dica que pode ser observada neste exemplo: o modo Dó dórico possui as mesmas notas da tonalidade de Si bemol Maior. Porém, não vamos utilizar a armadura de clave de Si bemol Maior, já que não estamos nessa tonalidade e tampouco numa situação tonal.

Um ponto importante a ser ressaltado é que o modo dórico é um dos mais usados muito provavelmente por não conter notas evitadas. Tal afirmação pode parecer bastante ambígua, já que a questão das notas evitadas faz parte, a princípio, do universo tonal. Entretanto, os intervalos que são considerados evitados possuem sonoridade bastante dura e nem sempre trazem resultados interessantes ou agradáveis ao ouvido, por mais relativo que isso possa parecer. Portanto, existe uma tendência natural de se usar com maior frequência as tipologias de escalas que contêm menos notas evitadas na sua estrutura intervalar.

Observe, no exemplo 79, os graus indicados em cada modo/acorde. Como o dórico foi definido como o I, os modos restantes trabalham todos em função deste: o frígio passa a ser o II, o lídio passa a ser o III, o mixolídio passa a ser o IV, entre outros. O mesmo vale para os acordes: no campo harmônico do modo dórico, o primeiro grau é um acorde menor com sétima menor, o segundo grau idem, o terceiro grau é um acorde maior com sétima maior e daí por diante.

Possivelmente, não será fácil encontrar exemplos musicais para ilustrar a utilização de todos os modos, já que alguns são pouco usados. Porém, como citado anteriormente, o modo dórico é um dos mais largamente utilizados por compositores/improvisadores/arranjadores. Podemos citar dois conhecidos temas que utilizam tal escala: "Impressions" (John Coltrane) e "So What" (Miles Davis). Nestes dois temas, de forma AABA, as partes A são construídas a partir do modo Ré dórico, sendo que as partes B são elaboradas a partir do modo Mi bemol dórico. Os dois exemplos podem ser facilmente encontrados no *Realbook*.

Existem certos tipos de cadências que são mais utilizados em cada modo. Normalmente, tais encadeamentos harmônicos ressaltam o uso dos intervalos característicos da escala em questão. No caso do modo dórico, são muito comuns as cadências Im7 - IV7 - Im7; Im7 - IIm7 - Im7. Porém, repare nas diferenças essenciais, como já citado anteriormente, entre uma cadência modal e uma cadência tonal: apesar de existir um acorde que é definido como centro, numa situação modal não existe tensão/relaxamento ou a perspectiva de resolução de sensível. O principal numa situação modal é clima obtido com a sonoridade particular de cada modo.

15.2 Modo frígio

Exemplo 80: modo frígio (F, 2m , 3m, 4J, 5J, 6m, 7m)
Intervalo mais característico: 2m

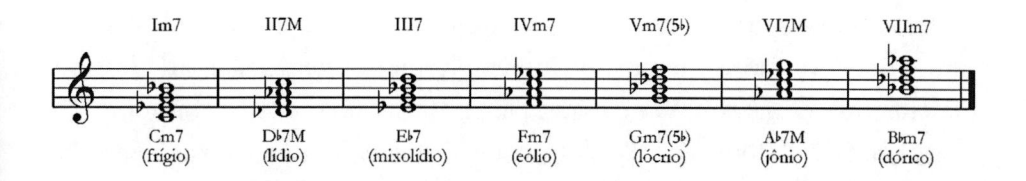

Im7	II7M	III7	IVm7	Vm7(5♭)	VI7M	VIIm7
Cm7 (frígio)	D♭7M (lídio)	E♭7 (mixolídio)	Fm7 (eólio)	Gm7(5♭) (lócrio)	A♭7M (jônio)	B♭m7 (dórico)

A exemplo do que fizemos anteriormente, quando estudamos as características do modo dórico, agora vamos estudar as características de outro modo gregoriano: o frígio, estudando os seus acordes, intervalos e modos. Procure visualizar a estrutura intervalar do modo frígio: F, 2m, 3m, 4J, 5J, 6m, 7m. A diferença entre o modo eólio (que é o modo menor) e o modo frígio está na segunda. O eólio possui segunda maior, enquanto o frígio possui segunda menor. E, também por isso, a segunda menor acaba se tornando o intervalo mais característico do modo frígio, já que é o elemento que diferencia este da escala menor. Podemos também citar que a diferença entre o modo frígio e o modo dórico está na segunda e na sexta. Enquanto o frígio tem segunda e sexta menores, o dórico possui segunda e sexta maiores. Numa perspectiva tonal, se substituirmos os intervalos de 2m e 6m do modo frígio, que são considerados evitados nesta situação, por 2M e 6M, respectivamente, teremos o modo dórico como escala resultante. Outra dica que pode ser observada neste exemplo: o modo Dó frígio possui as mesmas notas da tonalidade de Lá bemol Maior. Porém, não vamos utilizar a armadura de clave de Lá bemol Maior, já que não estamos nesta tonalidade.

Uma questão importante a ser lembrada é que o modo frígio não é dos mais usados, provavelmente por conter algumas notas evitadas. Tal afirmação pode parecer bastante ambígua, já que a questão das notas evitadas faz parte, a princípio, do universo tonal. Entretanto, como citado anteriormente, os intervalos que são considerados evitados possuem sonoridade bastante dura, nem sempre proporcionando resultados agradáveis ao ouvido. Portanto, existe uma tendência natural de se usar com maior frequência as tipologias de escalas que contêm menos notas evitadas na sua estrutura intervalar. Porém, se usado de forma inteligente, o frígio pode oferecer sonoridades muito interessantes. Podemos citar um clássico de jazz bastante interessante em que o modo frígio é utilizado: "Ana Maria", de Wayne Shorter. Este tema está presente num grande disco do instrumentista, chamado *Native dancer* e lançado em 1974, onde o saxofonista e compositor interpreta uma série de temas de Milton Nascimento. O modo frígio é usado para se improvisar e/ou harmonizar no acorde que está cifrado no *Realbook* como G-(*phrygian*). Esse acorde aparece na introdução, no final da primeira parte e no término da estrutura do tema.

Observe, no exemplo 80, os graus indicados em cada modo/acorde: como o frígio foi definido como o I, os modos restantes trabalham todos em função deste: o lídio passa a ser o II, o mixolídio passa a ser o III, o eólio passa a ser o IV e assim por diante. O mesmo vale para os acordes: no campo harmônico do modo frígio, o primeiro grau é um acorde menor com sétima menor, o segundo grau é um acorde maior com sétima maior, o terceiro grau é um acorde maior com sétima menor e assim por diante.

No modo frígio, algumas cadências bastante comuns são: Im7 – IVm7 – Im7 / Im7 – II7M – III7 – II7M – Im7, entre outras.

15.3 Modo lídio

Exemplo 81: modo lídio (F, 2M, 3M, 4+, 5J, 6M, 7M)
Intervalo mais característico: 4+

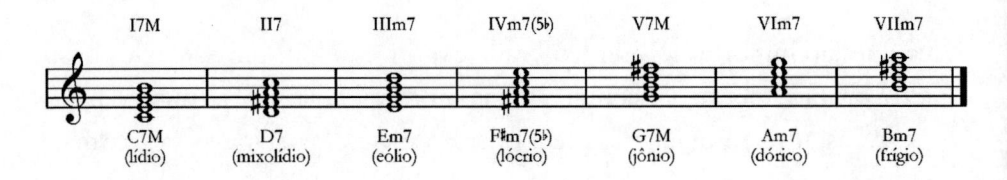

I7M	II7	IIIm7	IVm7(5♭)	V7M	VIm7	VIIm7
C7M	D7	Em7	F#m7(5♭)	G7M	Am7	Bm7
(lídio)	(mixolídio)	(eólio)	(lócrio)	(jônio)	(dórico)	(frígio)

O modo lídio tem a seguinte estrutura intervalar: F, 2M, 3M, 4+, 5J, 6M, 7M. Como já citado com relação aos dois modos anteriores, uma boa maneira de facilitar a visualização das escalas é estabelecer relações entre as diferentes estruturas. Por exemplo: a diferença entre o modo jônio (que é o modo maior) e o modo lídio está na quarta. O jônio possui quarta justa, enquanto o lídio possui quarta aumentada. E, também por isso, a quarta aumentada acaba se tornando o intervalo mais característico do modo lídio, já que é o elemento que diferencia este da escala maior natural. Numa perspectiva tonal, se substituirmos o intervalo de 4J do modo jônio, que é considerado evitado nesta situação, pela 4+, teremos o modo lídio como escala resultante. Outra dica que pode ser observada neste exemplo: o modo Dó lídio possui as mesmas notas da tonalidade de Sol Maior. Porém, não vamos utilizar a armadura de clave de Sol Maior, já que não estamos nesta tonalidade, assim como não estamos numa situação tonal.

Uma questão importante a ser lembrada é que o modo lídio é dos mais usados, nos mais diversos estilos, muito provavelmente por não conter notas evitadas. Como citado anteriormente, tal afirmação pode parecer bastante ambígua, já que a questão das notas evitadas faz parte, a princípio, do universo tonal. Podemos citar, entre muitos outros exemplos, um tema bastante popular onde o modo lídio é utilizado: "Trilhos urbanos", de Caetano Veloso, que possui a forma AABAC. Nas partes A, a melodia existente nos acordes C7M, Am7 e D7/9 é construída a partir do modo Dó lídio. O único acorde que não faz parte do universo do Dó lídio nesta parte do tema é o D♭7M (onde deve ser usado o Ré bemol lídio). Repare que nesta parte existe uma situação interessante, que pode-ríamos até classificar como híbrida: apesar do contexto modal, podemos quase reconhecer nos acordes Am7 – D7/9 uma cadência II-V, de movimentação forte, que se direcionaria para o acorde de Sol Maior o que, obviamente, acaba não acontecendo. Certamente, é interessante observar em alguns exemplos modais a influência de elementos característicos do tonalismo. Na parte B deste tema, a situação é idêntica, porém, transposta: a melodia existente sobre os acordes E♭7M, Cm7 e F7/9 é construída com o modo Mi bemol lídio. Porém, o acorde E7M não faz parte deste universo:

neste momento, deve ser usado o modo Mi lídio. Vale citar que esta música pode ser encontrada no disco *Cinema transcedental*, lançado por Caetano Veloso em 1979, e a sua partitura pode ser facilmente encontrada em diversos *songbooks* disponíveis no mercado.

Observe também, no exemplo 81, os graus indicados em cada modo/acorde: como o lídio foi definido como o I, os modos restantes trabalham todos em função deste: o mixolídio passa a ser o II, o eólio passa a ser o III, o lócrio passa a ser o IV etc. O mesmo vale para os acordes: no campo harmônico do modo lídio, o primeiro grau é um acorde maior com sétima maior, o segundo grau é um acorde maior com sétima menor, o terceiro grau é um acorde menor com sétima menor e assim por diante.

No modo lídio, algumas cadências bastante comuns são: I7M – VIIm7 – I7M / I7M – II7 – I7M, entre outras.

15.4 Modo mixolídio

Exemplo 82: modo mixolídio (F, 2M, 3M, 4J, 5J, 6M, 7m)
Intervalo mais característico: 7m

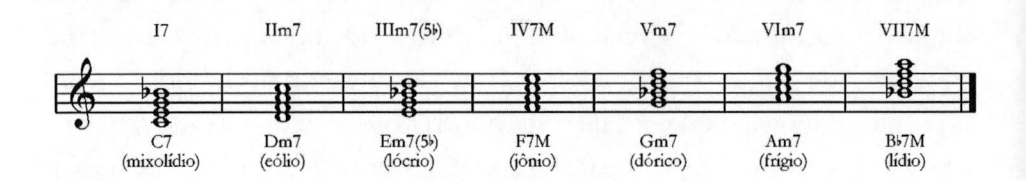

I7	IIm7	IIIm7(5♭)	IV7M	Vm7	VIm7	VII7M
C7 (mixolídio)	Dm7 (eólio)	Em7(5♭) (lócrio)	F7M (jônio)	Gm7 (dórico)	Am7 (frígio)	B♭7M (lídio)

Observe a estrutura intervalar do modo mixolídio: F, 2M, 3M, 4J, 5J, 6M, 7m. Certamente é de grande importância para o claro entendimento das diferenças entre as estruturas de escalas estabelecer relações entre as mesmas, tais como: a diferença entre o modo jônio (que é o modo maior) e o modo mixolídio está na sétima. O jônio possui sétima maior, enquanto o mixolídio possui sétima menor. E, também por isso, a sétima menor acaba se tornando o intervalo mais característico do modo mixolídio, já que é o elemento que diferencia este da escala maior natural. Outra dica que pode ser observada: o modo Dó mixolídio possui as mesmas notas da tonalidade de Fá Maior. Porém, não vamos utilizar a armadura de clave com apenas um bemol, já que não estamos nesta tonalidade e, tampouco, numa situação tonal. Pode-se pensar também que o que diferencia o modo mixolídio do modo dórico é a terça. O mixolídio possui terça maior, enquanto o dórico possui terça menor. Outras relações possíveis: as diferenças entre os modos mixolídio e lídio estão na quarta e na sétima. Enquanto o modo mixolídio possui quarta justa e sétima menor, o modo lídio possui quarta aumentada e sétima maior. Ainda existem muitas relações que podem ser feitas e que podem ajudar na compreensão destes elementos musicais.

Uma questão importante a ser lembrada é que o modo mixolídio é dos mais usados, de maneira geral, no blues e no baião. No jazz, podemos citar, entre muitos outros, um tema bastante interessante em que o modo mixolídio é utilizado: "Maiden voyage", de Herbie Hancock, que possui a forma AABA. Nas partes A, os acordes utilizados são D7/4/9 e F7/4/9, que também são conhecidos como acordes SUS. Em ambos os casos, a melodia existente nestes acordes obedece à estrutura dos modos citados, portanto, para improvisar (pelo menos a princípio), podemos também utilizar tais escalas. Porém, alguns improvisadores também utilizam nestes acordes SUS o modo dórico, já que os mesmos não possuem a terça, que é o que diferencia o modo dórico do modo mixolídio. Na Parte B existem dois acordes: E♭7/4/9 e D♭7/4/9. Repare como o B gera um grande contraste com relação às partes A. No E♭7/4/9, a melodia cita apenas o Fá natural, com exceção do cromatismo existente no último compasso dessa parte, que faz uma anacruse para o último A. Neste acorde, devemos usar o modo Mi bemol mixolídio. O acorde D♭7/4/9 é o único, neste tema, que não utiliza o modo mixolídio: neste momento, a melodia ressalta um Fá bemol (que em algumas edições do *Realbook* está erroneamente notado como um Mi natural) e que é a terça menor do acorde. Portanto, podemos dizer que, neste momento, temos a sonoridade do modo dórico. Nesta música, nota-se a seguinte contradição, que também acontece em muitos outros exemplos: se o modalismo representa uma antítese para toda a movimentação do tonalismo, como justificar as mudanças harmônicas existentes em temas como "Maiden voyage", "Green Dolphin Street" (Kaper/Washington) ou "Time remembered" (Bill Evans)? Podemos dividir as situações modais basicamente em dois grupos: o estático e o não estático. Em uma situação estática, não existe mudança de modo, como, por exemplo, na parte A de "Impressions", de John Coltrane. Numa situação não estática, podem ser usados outros modos, como é o caso de "Time remembered". Assim, neste momento, podemos encontrar uma das principais diferenças entre o modalismo e o tonalismo: apesar de em "Time remembered" existirem mudanças harmônicas, estas não sugerem tensões e resoluções como numa situação tonal. São apenas diferentes universos sonoros colocados lado a lado. No modalismo, não existem relações cadenciais entre os acordes destes diferentes contextos. Salientamos ainda que todos os temas citados podem ser facilmente encontrados no *Realbook*.

No exemplo 82 é possível observar os graus indicados em cada modo/acorde: como o mixolídio foi definido como o I, os modos restantes trabalham todos em função deste: o eólio passa a ser o II, o lócrio passa a ser o III, o jônio passa a ser o IV etc. O mesmo vale para os acordes: no campo harmônico do modo mixolídio, o primeiro grau é uma acorde maior com sétima menor, o segundo grau é um acorde menor com sétima menor, o terceiro grau é um acorde meio-diminuto, entre outros.

No modo mixolídio, algumas cadências bastante comuns são: I7 – Vm7 – VII7M / I7 – VII7M – I7, entre outras.

15.5 MODO EÓLIO

Exemplo 83: modo eólio (F, 2M, 3m, 4J, 5J, 6m, 7m)
Intervalo mais característico: 6m

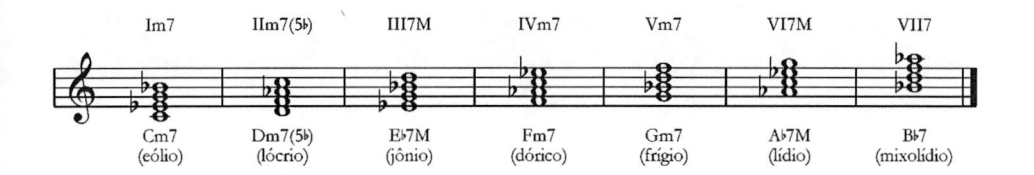

| Im7 | IIm7(5♭) | III7M | IVm7 | Vm7 | VI7M | VII7 |
| Cm7 (eólio) | Dm7(5♭) (lócrio) | E♭7M (jônio) | Fm7 (dórico) | Gm7 (frígio) | A♭7M (lídio) | B♭7 (mixolídio) |

Agora vamos estudar as características do modo eólio. Repare na estrutura intervalar desta escala: F, 2M, 3m, 4J, 5J, 6m, 7m. Como citado antes, uma boa maneira de facilitar a visualização das escalas é estabelecer relações entre as diferentes estruturas. Por exemplo: a diferença entre o modo eólio (que é o modo menor) e o modo dórico está na sexta. O eólio possui sexta menor, enquanto o dórico possui sexta maior. E, também por isso, a sexta maior acaba se tornando o intervalo mais característico do modo dórico, já que é o elemento que diferencia este da escala menor natural (também conhecida como escala menor primitiva). Outra dica que pode ser levada em consideração: o modo Dó eólio possui as mesmas notas da tonalidade de Mi bemol Maior. Podemos até utilizar a armadura de clave com três bemóis, mas não necessariamente por esse detalhe estaremos numa situação tonal. É importante ressaltar que apenas o modo eólio (portanto sem a presença da sensível artificial, que aparece apenas com as escalas menor harmônica e menor melódica) não caracteriza uma situação tonal. A sensível e as sensações de tensão e resolução são imprescindíveis para caracterizar o tonalismo. É possível ter algo plenamente estático, sem dominante, se utilizarmos apenas o modo eólio. Pode-se pensar também que o que diferencia o modo eólio do modo frígio é a segunda. O eólio possui segunda maior, enquanto o frígio possui segunda menor. Outras relações possíveis: as diferenças entre os modos dórico e frígio estão na segunda e na sexta. Enquanto o modo dórico possui segunda e sexta maiores, o modo frígio possui segunda e sexta menores.

Um exemplo muito conhecido em que o modo eólio é utilizado: a coda de "Manhã de carnaval" (que no *Realbook* aparece como "Black Orpheus"). Com exceção da coda, este tema é todo tonal, utizando uma série de cadências II – V principais e secundárias. Na melodia do tema, podemos observar claramente o uso da sensível artificial pertencente à escala de Lá menor harmônica (como, por exemplo, nos compassos 2, 18 e 30). Do ponto de vista composicional, podemos citar também os motivos melódico/rítmicos existentes na elaboração do tema, tanto na parte tonal quanto na coda.

Repare como na parte tonal deste tema, além da sensível, é utilizado o acorde E7/9♭ (que é o V da menor harmônica) e que possui o papel de dominante principal, enquanto na coda o acorde utilizado é um Em7 (V da menor natural), sendo que este último não caracteriza o dominante por não ter a sensível artificial.

É bom lembrar também que no repertório jazzístico, muitas vezes, o modo eólio acaba sendo substituído pelo dórico, já que este último não apresenta notas evitadas em sua estrutura, ao contrário do modo eólio, que possui a 6m e que deve ser evitada, o que acaba por gerar, de alguma maneira, uma espécie de "modalização". No tema "Footprints", de Wayne Shorter, tal expediente é utilizado: no acorde Cm7, que é o I do tom (Dó menor), a melodia utiliza o modo Dó dórico e não o modo Dó eólio.

Podemos encontrar o modo eólio sendo utilizado também no tema "Beira do mar", de Ricardo Silveira, gravado pelo baixista Nico Assumpção no seu segundo disco solo, intitulado *High life*. Construído a partir do modo Mi eólio, este é um tema que deve ser considerado obrigatório para quem aprecia a música instrumental brasileira. Em "Beira do mar" acontece a mesma situação citada sobre o tema "Trilhos urbanos", comentada no texto sobre o modo lídio (pág. 111). Pode ser considerado um caso híbrido, com influências claras do tonalismo, já que na parte A existe uma cadência II – V direcionada para o acorde G7M. Porém, o modalismo fica caracterizado no final desta mesma parte, como é possível observar na seguinte cadência: Bm7 (V da menor natural, portanto, não é dominante) – Em7 (I). Vale ressaltar que o acorde existente no final da parte B (Bsus) não deve ser considerado dominante, já que não possui o trítono que caracteriza esse tipo de acorde.

No exemplo 83, observe os graus indicados em cada modo/acorde: como o eólio foi definido como o I, os modos restantes trabalham todos em função deste: o lócrio passa a ser o II, o jônio passa a ser o III, o dórico passa a ser o IV etc. O mesmo vale para os acordes: no campo harmônico do modo eólio, o primeiro grau é um acorde menor com sétima menor, o segundo grau é um acorde meio-diminuto, o terceiro grau é um acorde maior com sétima maior etc.

No modo eólio, algumas cadências bastante comuns são: Im7 – IVm7 – Im7 / Im7 – VI7M – Im7 / Im7 – VII7 – Im7.

15.6 Modo lócrio

Exemplo 84: modo lócrio (F, 2m, 3m 4J, 5°, 6m, 7m)
Intervalo mais característico: 5°

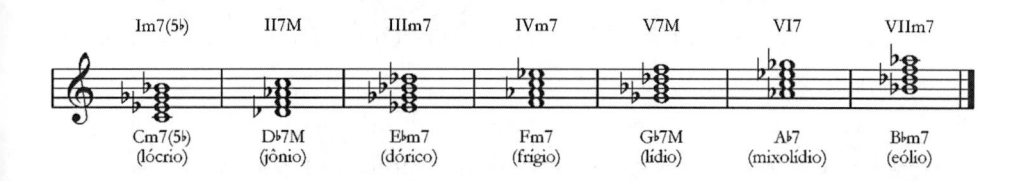

Im7(5♭)	II7M	IIIm7	IVm7	V7M	VI7	VIIm7
Cm7(5♭) (lócrio)	D♭7M (jônio)	E♭m7 (dórico)	Fm7 (frígio)	G♭7M (lídio)	A♭7 (mixolídio)	B♭m7 (eólio)

Observe a estrutura intervalar do lócrio, que é o último dos modos gregorianos: F, 2m, 3m, 4J, 5°, 6m, 7m. Como sugerido anteriormente, vamos estabelecer relações entre algumas diferentes estruturas de escalas para facilitar a visualização das mesmas. Por exemplo: a diferença entre o modo lócrio e o modo frígio está na quinta. O lócrio possui quinta diminuta, enquanto o frígio possui quinta justa. E, também por isso, a quinta diminuta acaba se tornando o intervalo mais característico do modo lócrio, já que é o elemento que diferencia este do modo frígio. Outra dica que pode ser levada em consideração: o modo Dó eólio possui as mesmas notas da tonalidade de Ré bemol Maior. Podemos até utilizar a armadura de clave com cinco bemóis, mas não necessariamente por esse detalhe estaremos numa situação tonal. Em alguns métodos, transcrições a partituras, podemos encontrar armaduras de clave sendo utilizadas em situações modais muito provavelmente por uma questão de praticidade. Por exemplo: pode ser algo bastante confuso transcrever um trecho longo todo em semicolcheias onde foi utilizado o modo Dó lócrio. A grande quantidade de acidentes empregados pode confundir a leitura da partitura de um trecho como este, o que pode atrapalhar a vida do músico que vai ler à primeira vista. Outro exemplo: numa música tonal existe uma seção de apenas alguns compassos em que ocorre uma modalização. Para facilitar a leitura, pode ser mais pragmático utilizar acidentes ocorrentes (que caracterizem o modo em questão) ao invés de mudar a armadura de clave. Vale lembrar que diferentes autores podem ter diferentes critérios com relação a este assunto, como também é possível observar na cifragem dos acordes na música popular. As cifras de acordes utilizadas no *Realbook*, por exemplo, não seguem o padrão dos diversos *songbooks* de música brasileira disponíveis no mercado. Assim como pode acontecer certa confusão quando temos em mãos uma partitura em que foram cifrados os blocos harmônicos gerados por alguma técnica de arranjo aplicada a determinados temas, tais como *drops*, *clusters*, harmonia quartal, entre outros, e não a harmonia elementar da música, a exemplo do que acontece em muitos arranjos escritos especificamente para piano ou para violão. Outro tipo de linguagem é aquela utilizada pelo "baixo cifrado" na música barroca e que é completamente diferente desses tipos de cifra que normalmente encontramos nos *songbooks* ou no *Realbook*. Voltando ao modo lócrio, devemos lembrar que ainda existem outras relações possíveis. As diferenças entre os modos eólio e lócrio estão na segunda e na quinta. Enquanto o modo lócrio possui segunda menor e quinta diminuta, o modo eólio possui segunda maior e quinta justa. Ainda existem muitas outras relações que podem ser feitas e que podem ajudar na compreensão das estruturas dessas e de outras escalas. Alguns nomes de escalas podem também facilitar: qual a diferença entre o lócrio e o lócrio 9M (sexto grau da menor melódica)? Ou então, qual a diferença entre o lócrio e o lócrio 6M (segundo grau da menor harmônica)?

Com relação ao repertório, certamente torna-se bastante complicado encontrar situações modais onde o lócrio é utilizado isoladamente, funcionando como o centro do trecho musical em questão. Isso se deve ao fato de que o modo lócrio soa demasiadamente tenso, sendo muito difícil encará-lo como resolução. Normalmente, quando tocamos a sua fundamental, ela soa como uma sensível da 2m da escala. Ou seja, como os princípios tonais são totalmente assimilados pelo nosso ouvido, fica difícil encarar com naturalidade algo tão contrário a tais bases. O mesmo podemos dizer com relação ao acorde existente no primeiro grau do modo lócrio: fica praticamente impossível instituir um acorde meio-diminuto como I sem que isto seja feito forçosamente.

Vale ressaltar também que no repertório jazzístico, muitas vezes, o modo lócrio acaba sendo substituído pelo lócrio 9M, já que este último não apresenta notas evitadas em sua estrutura, ao contrário do modo lócrio, que possui a 2m e que deve ser evitada. Claro que para substituir uma escala pela outra, devemos levar em consideração qual das duas opções é diatônica ao tom do momento ou se a nona é citada pela melodia no trecho em questão. Tais fatores devem ser decisivos para a escolha da escala a ser utilizada, tanto para improvisação como para condução, apesar de que no que diz respeito à condução, normalmente o baixista acaba por utilizar elementos mais esclarecedores para a harmonia, tais como as notas do arpejo ou cromatismos que devem ser resolvidos nos lugares certos.

Repare que no exemplo 84 é possível observar os graus indicados em cada modo/acorde: como o lócrio foi definido como o I, os modos restantes trabalham todos em função deste: o jônio passa a ser o II, o dórico passa a ser o III, o frígio passa a ser o IV etc. O mesmo vale para os acordes: no campo harmônico do modo lócrio, o primeiro grau é um acorde meio-diminuto, o segundo grau é um acorde maior com sétima maior, o terceiro grau é um acorde menor com sétima menor etc.

15.7 Situações híbridas e outros comentários sobre modalismo
Os clássicos "Impressions" (John Coltrane) e "So what" (Miles Davis) possuem a mesma harmonia e forma (AABA). Nas partes A, temos apenas um acorde, Dm7, e o Ré dórico é o modo usado na melodia. Nas partes B, o modo usado é Mi♭ dórico, sendo que o acorde é E♭m7. Portanto, na parte B ocorre uma mudança de centro, que é usada para a criação de contraste com relação à parte A. Porém, se analisarmos cada parte separadamente, podemos chegar à conclusão

de que internamente ambas são totalmente estáticas. Neste momento, podemos estabelecer também algumas diferenças entre a concepção de improvisação que costuma ser usada em situações tonais e modais. No contexto tonal, a harmonia sugere movimento, já que produz sensações de tensão e resolução, portanto, normalmente o improvisador busca construir a sua linha melódica de maneira a aproximar e criar relações entre acordes com diferentes funções tonais. Numa situação modal como a de "Impressions", o improvisador certamente vai buscar sugerir movimento, já que isso praticamente inexiste na harmonia. Muitas vezes, essa movimentação é atingida pelo uso de notas não pertencentes ao modo (os chamados *outsides*), pontes cromáticas e outras ferramentas desse tipo. Basta ouvir John Coltrane improvisando para perceber tais intenções.

Em "Arrastão" (Edu Lobo e Vinícius de Morais), nos primeiros compassos da parte A, o modo usado é Lá dórico numa cadência I-IV. Logo depois, temos uma cadência I-IV no modo Si dórico, sendo que acontece um retorno para Lá dórico no final desta mesma parte A. Lembre-se também que um tema não precisa necessariamente ser construído de maneira modal em todas as partes. Em "Arrastão", por exemplo, a parte C é tonal, com tensão e resolução. Alternar trechos modais e tonais pode ser uma boa saída para se criar contrastes entre as diferentes seções de uma peça.

Existem outros temas onde podemos encontrar situações que podem ser consideradas quase como híbridas, ou seja, a situação é modal, porém, utiliza alguns expedientes tonais. Um excelente exemplo para ilustrar esta questão é "Mahjong", do saxofonista Wayne Shorter.

Na década de 1960, muitos músicos que tocavam jazz procuraram por novas inspirações, muitas vezes pesquisando diferentes culturas e filosofias, ou então buscavam novos caminhos através da libertação das formas, métricas e clichês utilizados em improvisos e composições até então. O disco *Juju*, de Wayne Shorter, foi lançado em 1964. Nesse trabalho, podemos observar nas diferentes canções algumas referências a temas de origem oriental, como, por exemplo, a composição "House of Jade", ou então a escala de tons inteiros utilizada na primeira parte de *Juju*. O mesmo acontece com o tema aqui analisado, "Mahjong": o título é uma citação a um tipo de quebra-cabeça que tem por base um antigo jogo chinês para quatro pessoas.

Esse tema, que possui a forma AABA (se levarmos em consideração a construção das frases) e que pode ser encontrado facilmente no *Realbook*, foi escolhido para esta análise devido a uma situação que facilmente acontece: a ambiguidade existente na estrutura harmônica de uma determinada composição pode nos levar a diferentes resultados analíticos. Dependendo do enfoque dado, certos trechos podem ser considerados tanto modais quanto tonais. Na frase do primeiro A, o Fm7 pode ser analisado como o I de uma composição em Fá menor. Porém, analisando a melodia do trecho citado, podemos observar que a nota Ré natural é utilizada no segundo compasso, fazendo com que o modo neste momento seja Fá dórico, e não Fá eólio, ou seja, é possível afirmar que ocorreu uma modalização neste trecho da peça. Entretanto, também seria cabível dizer que Wayne utilizou a 6M neste momento já que a 6m é considerada evitada no modo eólio, o que demonstra o uso de um recurso ligado diretamente ao tonalismo.

Na frase do segundo A, o acorde D♭7M pode ser analisado como o VI do tom de Fá menor (Ré bemol lídio, portanto). Neste momento, não existiu a necessidade de substituir nenhum elemento da escala, já que o lídio não possui notas evitadas. Todavia, é de grande importância ressaltar a falta de movimentação harmônica nestes 16 primeiros compassos da peça, o que acaba por valorizar o clima proporcionado por cada modo em questão, o que certamente é um dos recursos mais utilizados em composições modais.

Na frase da parte B, trecho que pode ser considerado essencialmente tonal, podemos observar uma oposição ao clima proporcionado pelas duas partes A anteriores, onde são valorizadas as sonoridades de cada modo e não existem grandes mudanças harmônicas: no primeiro compasso, podemos observar o D7/9+(alterado), que será analisado como o subV/VI. Nos compassos 2 e 3 da parte B, é possível observar uma cadência II/VI (dórico) – V/VI (mixo 11+) – VI (lídio). No último compasso da parte B, podemos observar o G♭7(mixo 11+), que será analisado como o subV. Como todo V pressupõe um II-V (e vice-versa), podemos analisar o D♭m7(dórico) apenas como um prolongamento do G♭7 dominante. No final do tema é possível observar uma repetição da parte A, também utilizando Fá dórico.

Composicionalmente falando, vale reparar no motivo que é estabelecido nas duas primeiras frases e que será repetido no final do tema. A quase igualdade dessas três idéias melódicas é de grande importância para que a composição tenha uma estrutura coerente e seja de mais fácil assimilação. A melodia da parte B, que possui concepção diferente de todo o restante, gera um grande contraste com relação às partes A, assim como acontece com a harmonia. Devemos ressaltar também as respirações existentes entre cada frase, o que faz com que as idéias se tornem mais claras, já que os períodos são separados pelas pausas. Ainda sobre a melodia, devemos reparar na sequência intrincada de intervalos, em ambas as partes, o que faz com que o motivo não seja escalístico, valorizando, dessa forma, a frase em si, o que certamente é algo de grande relevância no discurso jazzístico. Como já citado antes, é de grande importância observar todos estes aspectos na composição dos temas, já que os mesmos acabam sendo essenciais também para a elaboração de solos e improvisos. Dica: não deixe de escutar (e tocar) outras músicas compostas pelo saxofonista, de diversas épocas, tanto suas contribuições para o quinteto de Miles Davis, como, por exemplo "Footprints", ou então peças como: "Ana Maria" (que pode ser encontrada no disco *Native dancer*, de 1974, feito em parceria com Milton Nascimento), "Yes or no" e "Deluge" (ambas também fazem parte do disco *Juju*), ou então a sua participação no disco *A barca dos amantes*, de 1986, também de Milton Nascimento, trabalho que também conta com a participação do grande baixista Nico Assumpção.

15.8 Intercâmbio modal
Não podemos deixar de citar o chamado intercâmbio modal. Tal situação se caracteriza quando o contexto não se demonstra estático: permanece

modal, mas não se encontra parado num único modo, e sim transitando por alguns deles.

Pode-se tomar como exemplo o clássico "Green Dolphin Street" (Kaper/ Washington). Nesta peça, podemos encontrar diversos elementos musicais já comentados neste livro. Vale citar que esta peça, que possui forma ABAC, também pode ser encontrada facilmente no *Realbook*. No primeiro acorde, um C7M, o modo Dó jônio deve ser usado, enquanto no segundo acorde, um Cm7, temos Dó dórico. No terceiro acorde, um D/C, a escala é Dó mixolídio, enquanto no acorde D♭/C, temos Dó frígio (ou Ré bemol lídio, se levarmos em consideração a fundamental do acorde). Repare que o baixo permanece fazendo um pedal na nota Dó, portanto, funcionando como uma ligação entre tais acordes, justificando a situação de intercâmbio aqui citada.

Em algumas situações de intercâmbio modal, pode não ser necessário (ou mesmo possível) indicar os graus numa análise harmônica, já que muitas vezes as relações entre os acordes ultrapassam os limites do campo harmônico.

Na parte B é possível perceber elementos essencialmente tonais: uma cadência II - V - I direcionada para o acorde C7M, seguida por uma cadência II - V - I direcionada para o acorde E♭7M, o que acaba por gerar uma tonicização neste último. Repare que tanto no G7 do compasso 10 como no B♭7 do compasso 14 foi utilizada a escala alterada. Tal fato acontece porque no compasso 10 podemos observar na melodia as notas Lá bemol e Lá sustenido (que no *Realbook* encontra-se erroneamente notadas como Si bemol), sendo a 9m e a 9+ da escala de G alterada, respectivamente. No compasso 14, as notas Dó bemol e Dó sustenido (esta última também notada de forma errada no *Realbook* como Ré bemol) representam a 9m e a 9+ da escala de B♭ alterada. Veja também que a sensível representada pelo Si natural existente na melodia da segunda metade do compasso 16 será resolvida no Dó do início da segunda parte A. Observe ainda que o Si natural é a 3M do G7 existente no mesmo ponto.

Na parte C é possível observar uma maior movimentação harmônica, gerando um contraste com relação às partes A através da série de cadências existentes neste trecho. Repare que o acorde Bm7(5♭) não deve ser analisado como VII, e sim como II/VI, já que o que está sendo levado em consideração nesta análise é a cadência secundária existente neste trecho e não somente os acordes do campo harmônico. O mesmo acontece com o Em7 existente no quinto compasso da parte C: este deve ser analisado como II/II, e não III, já que o Em7 encontra-se numa cadência direcionada ao II. As inversões existentes no primeiro compasso desta parte, assim como no terceiro, servem para sugerir uma linha de baixo mais escalística, o que acaba por tornar as mudanças entre os acordes menos bruscas. Se ampliarmos um pouco mais as possibilidades harmônicas deste trecho, a partir deste critério, substituindo os dominantes originais pelos respectivos subV, teremos então uma linha de baixo quase totalmente cromática, como, por exemplo: Dm7; Dm7/C; Bm7(5♭), B♭7, Am7, Am/G, F♯m7(5♭), F7, Em7, E♭7, Dm7, D♭7, C7M. Vale ressaltar que este tipo de procedimento muitas vezes não é considerado como rearmonização, já que algumas dessas possibilidades normalmente já se encontram implícitas. E devemos lembrar que elas aqui foram citadas porque a melodia do trecho citado permite tal abordagem, o que pode ser impossível em outros casos.

Melodicamente é de grande importância citar o motivo estabelecido nas partes A: na tercina de semínimas existente na segunda metade do segundo compasso são utilizadas a 7M, a 5J e a 3M do acorde C7M. No compasso 6, como o acorde é diferente (D♭/C), o compositor utiliza uma adaptação do motivo, que ainda possui a mesma rítmica, mas utiliza diferentes intervalos: 5J, 3M e fundamental do acorde. É intrigante observar o recurso utilizado para o tratamento motívico neste momento: enquanto a harmonia sobe, o motivo melódico desce, trazendo um efeito muito interessante. Observe também que na parte B o compositor estabelece outro motivo melódico, que também é adaptado quando acontece a tonicização no acorde E♭7M. Todavia, nos dois acordes dominantes deste momento (G7 e B♭7), os intervalos utilizados na melodia possuem as mesmas representações: 7m, fundamental, 9m e 9+.

Na parte C, o motivo melódico é bastante parecido com o existente na parte B, porém, com algumas variações. Repare na separação das frases e no aspecto conclusivo do final da parte C, em que a melodia, no penúltimo compasso, repousa na 5J do acorde C7M.

Lembre-se também de que para um melhor entendimento das possibilidades musicais deste e de outros clássicos é de grande valia pesquisar a respeito das diferentes versões executadas por instrumentistas distintos: lembre-se quão pessoal pode se tornar a improvisação, a harmonização e a condução de um tema jazzístico como este.

Capítulo 16

HARMONIA QUARTAL

Assim como é possível uma extensa gama de acordes sobrepondo-se terças, pode-se também construir acordes através da sobreposição de quartas. Estes acordes – denominados quartais – são bastante úteis em situações modais.

Vale ressaltar que o sistema quartal não existe para substituir o tradicional sistema de sobreposição de terças, mas sim para complementá-lo com algumas novas possibilidades de acordes, abrindo novas portas para questões tanto teóricas quanto práticas.

Os acordes quartais começaram a ser usados no impressionismo por compositores como Debussy, Mahler e Strauss, como uma forma de gerar novos efeitos. Ou seja, como cita Schoenberg em seu *Tratado de harmonia*, não se tratava apenas de puro experimentalismo técnico, mas uma idéia provocada por uma forte necessidade de expressão dos artistas desse movimento. Para os teóricos e músicos de épocas posteriores, tal recurso pode ter se tornado apenas mais uma das possíveis ferramentas, mas na verdade significou muito mais do que isso para os músicos que introduziram este tipo de estrutura na sua obra.

No exemplo 85 é possível verificar os acordes resultantes da sobreposição de quartas a partir das escalas maior/menor natural, menor harmônica e menor melódica. Neste exemplo, podemos observar que os acordes foram construídos com quatro vozes, entretanto, também é possível construir acordes quartais com apenas três ou então com cinco vozes, sendo que, de maneira geral, esse é o número máximo com o qual o esquema totalmente quartal costuma ser usado. Com seis ou mais vozes, por mais relativo que isso possa parecer, o resultado pode não ficar tão interessante devido ao aparecimento de intervalos de nona menor em lugares indesejados.

Exemplo 85: campos harmônicos em quartas

Campo harmônico em quartas a partir da escala de Dó maior (a 4 vozes)

Campo harmônico em quartas a partir da escala de Dó menor harmônica (a 4 vozes)

Campo harmônico em quartas a partir da escala de Dó menor melódica (a 4 vozes)

16.1 Acordes quartais em situações tonais

Em alguns dos acordes dos campos harmônicos citados anteriormente existem notas evitadas. No primeiro acorde do campo harmônico gerado a partir da escala maior, por exemplo, temos a 4J, que é evitada (no modo jônio). Portanto, na maior parte das vezes, não é aconselhável usar acordes quartais em situações tonais, já que tais acordes, muitas vezes, possuem as notas evitadas dos graus onde se encontram. Porém, no exemplo 86, temos duas situações tonais em que é possível usar quartas sobrepostas nos acordes dominantes. Os três primeiros compassos mostram uma cadência II-V-I direcionada para o acorde C6, enquanto nos três compassos seguintes temos uma cadência II-V-I direcionada para o Am7.

Repare que o segundo acorde é composto pela 7m, 3M, 13M e 9M do G7. Tal acorde está com a fundamental omitida (nota Sol). O empilhamento dos intervalos citados irá gerar um acorde quartal. Na segunda cadência, o acorde dominante é composto pela 3M, 7m, 2+ e 6m do E7. Tal estrutura sugere um acorde alterado, porém, sem a fundamental (nota Mi). Assim como na cadência anterior, o empilhamento dos intervalos citados irá gerar uma estrutura quartal, levando em consideração que existem enarmonizações neste exemplo.

Estes dois casos ilustram o uso de acordes quartais no tonalismo sem gerar problemas com notas evitadas. Repare que, na primeira cadência do exemplo 86, temos o dominante de acorde maior, portanto, com as tensões 13M e 9M, enquanto na segunda cadência foi utilizado o dominante de acorde menor (portanto, com as tensões 9+ e 13m). Em situações modais, como não existem notas evitadas, o uso deste tipo de acorde torna-se mais frequente.

Exemplo 86

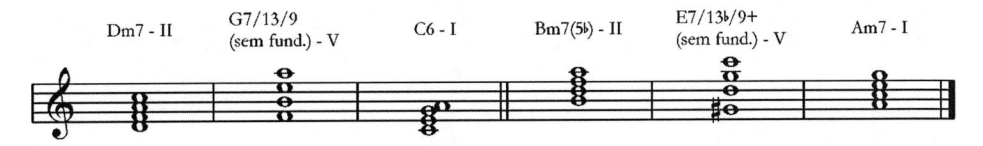

16.2 Melodia harmonizada com quartas

Vale ressaltar que, em muitos casos, arranjadores e compositores evitam usar o esquema totalmente quartal, como está sendo proposto no exemplo 85, já que sua sonoridade pode se tornar demasiadamente pesada se os devidos cuidados não forem tomados, tanto em situações tonais como em situações modais. Muitos teóricos propõem o uso de uma terça e duas quartas (não necessariamente nessa ordem), no caso de uma harmonização com uma formação acordal de quatro notas. Nos quatro primeiros compassos do exemplo 87, podemos observar uma melodia construída a partir do modo Ré dórico. Do compasso 5 ao 8, do mesmo exemplo, podemos ver esta mesma melodia harmonizada a quatro vozes no sistema totalmente quartal. Nos compassos 9 a 12, do exemplo 87, é possível observar que a harmonização foi feita sempre intercalando duas quartas e uma terça, não necessariamente nessa mesma ordem. É de grande importância tocar os diferentes exemplos de harmonização para se ter uma clara idéia de suas diferenças, assim como aplicar os dois tipos de técnica em outras melodias em que o seu uso se apresente adequado.

Exemplo 87 – Exemplo de melodia harmonizada com elementos quartais

Melodia construída a partir do modo Ré dórico:

Melodia harmonizada somente com quartas:

Melodia harmonizada com duas quartas e uma terça:

16.3 INVERSÕES DE ACORDES QUARTAIS

A exemplo do que acontece com tríades e tétrades construídas a partir da sobreposição de terças, também é possível utilizar inversões de acordes quartais. A três vozes, podemos obter bons resultados provenientes dos intervalos de segundas e quartas resultantes das inversões dos mesmos. Com relação às inversões, devemos ter cuidado apenas com os acordes cujos intervalos resultantes não evidenciam a utilização de quartas justas, já que tal situação pode descaracterizar o sistema quartal. No exemplo 88, podemos observar algumas rotações comumente utilizadas por diversos arranjadores. Na primeira linha deste exemplo, temos algumas possibilidades para inversões de acordes quartais a três vozes. É importante evidenciar a segunda menor presente nos acordes do segundo e terceiro compassos. Para que não se perca a sonoridade da quarta justa, tão essencial para este tipo de acorde, como já citado anteriormente, muitos instrumentistas costumam complementar a sonoridade dessas inversões através do dobramento do baixo, como podemos observar na segunda linha deste exemplo, que contém os mesmos acordes da primeira linha, porém, com o dobramento do baixo uma oitava acima adicionado. Na terceira linha do exemplo 88, temos alguns exemplos de inversões quartais a quatro vozes. Perceba a sonoridade gerada por essas inversões, em especial ao terceiro acorde desta linha. Entre as notas Si e Dó, temos uma segunda menor; entre as notas Dó e Mi, temos uma terça maior; e entre as notas Mi e Fá, temos uma segunda menor. Ou seja, devemos ser cautelosos com o uso dessas inversões, já que podem facilmente descaracterizar o sistema quartal, como citado anteriormente. No último acorde, observe que a nota Dó foi invertida mais uma vez, para que se pudesse ter a nota Mi no baixo. Este último acorde pode soar um pouco mais característico do sistema quartal do que o anterior, já que possui, em sua estrutura, uma segunda menor, uma quarta justa e uma segunda menor novamente. Em todo caso, também deve ser utilizado com parcimônia. Vale ressaltar que ainda é possível utilizar arpejos quartais e suas inversões para improvisação.

Exemplo 88 – Inversões de acordes quartais

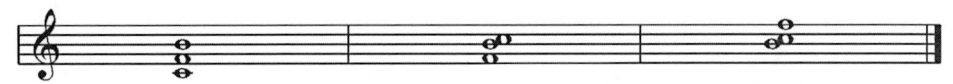

Inversões quartais a três vozes:

Inversões quartais a três vozes com dobramento do baixo:

Inversões quartais a quatro vozes:

Capítulo 17

ESCALAS PENTATÔNICAS

Como o próprio nome diz, é uma escala formada por cinco notas. Existem diversas variações para esse tipo de material. Sendo o universo pentatônico bastante amplo e com muitas possibilidades, inicialmente, vamos trabalhar as duas principais formas da pentatônica: no exemplo 89, podemos observar a pentatônica maior, cuja estrutura é F, 2M, 3M, 5J e 6M. No exemplo 90, temos a pentatônica menor, que é formada por F, 3m, 4J, 5J e 7m. Assim como acontece com os modos gregorianos, em que o modo eólio (que caracteriza a escala menor) nada mais é do que uma das rotações do modo jônio (que é a escala maior), a pentatônica menor nada mais é do que uma rotação da pentatônica maior. Podemos também considerar este tipo de pentatônica como uma sobreposição de quintas, o que, de alguma forma, pode explicar sua sonoridade plana e também sua estrutura, formada apenas por intervalos de 2M e 3m. Estas pentatônicas não possuem trítono nem semitom, elementos que podem ser considerados fundamentais para a escala diatônica.

Exemplo 89: pentatônica de Dó Maior

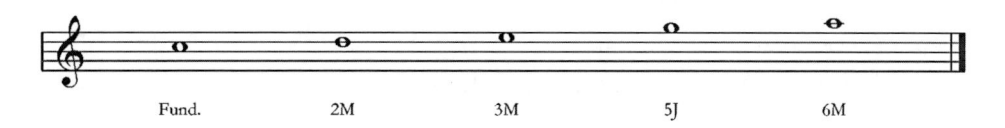

Exemplo 90: pentatônica de Dó menor

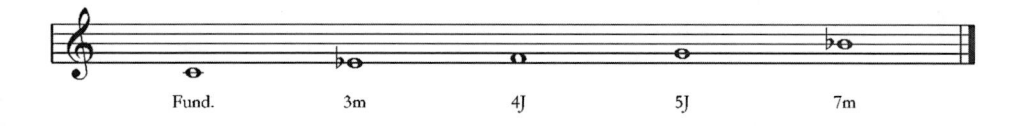

Ainda com relação à estrutura da pentatônica, pode parecer estranho classificar os intervalos existentes nesta escala como 6M ou 7m, já que a mesma possui somente cinco notas. Porém, visualizando dessa forma, torna-se mais fácil a assimilação de tal escala, já que acontece uma adaptação do modo de se entender os intervalos, baseando-se no padrão de visualização conhecido através das escalas estudadas.

Como dito anteriormente, existem muitas variações para a escala pentatônica. O guitarrista Nelson Faria cita, no seu livro A *arte da improvisação*, a pentatônica dominante, que é formada por F, 2M, 3M, 5J e 7m, e que pode ser observada no exemplo 91. Outra forma de pentatônica bastante conhecida é a pentatônica menor com sexta maior, cuja estrutura é F, 3m, 4J, 5J e 6M, como mostra o exemplo 92. Esta, na verdade, configura apenas uma das rotações da pentatônica dominante citada no exemplo 91. Vale ressaltar que essas variações da pentatônica (mostradas nos exemplos 91 e 92) já não fazem parte do esquema proposto anteriormente, pois possuem trítono, não mais se tratando apenas de uma mera sobreposição de quintas. Porém, os intervalos entre as notas continuam sendo apenas de 2M e 3m, estando apenas organizados de forma distinta: na pentatônica maior, a partir da nota Dó, a sequência intervalar é 2M, 2M, 3m, 2M e 3m (de Dó a Dó). Na pentatônica dominante, a partir da nota Dó, a sequência intervalar é 2M, 2M, 3m, 3m e 2M. Perceba a diferença estrutural nos dois casos: na pentatônica maior, os dois intervalos de 3m estão separados por uma segunda maior, enquanto na pentatônica dominante os intervalos de 3m são consecutivos, proporcionando, dessa forma, o trítono já citado.

Exemplo 91: pentatônica de Dó dominante

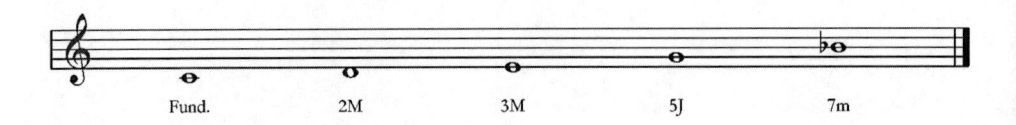

Exemplo 92: pentatônica de Dó menor com sexta maior

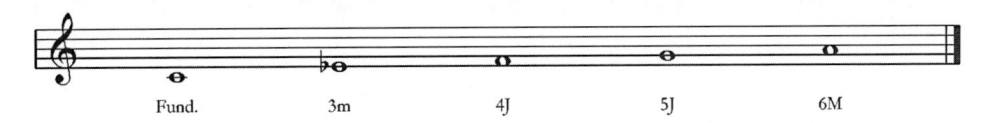

Fund. 3m 4J 5J 6M

Outra possibilidade interessante é adaptar a estrutura das pentatônicas citadas para uma determinada situação (ou modo). Pode-se obter um excelente resultado adaptando a estrutura da pentatônica menor para o modo mixolídio, por exemplo. A estrutura resultante seria F, 3M, 4J, 5J e 7m, como pode ser observado no exemplo 93. Veja que a única diferença desta escala para a pentatônica menor é a 3M. Adaptando-se a estrutura da pentatônica menor para o modo jônio, o resultado seria F, 3M, 4J, 5J e 7M, como mostra o exemplo 94. Observe que a diferença desta escala para a pentatônica menor está na 3M e na 7M. Adaptando-se à estrutura da pentatônica menor para o modo lídio, o resultado seria F, 3M, 4+, 5J e 7M, como podemos ver no exemplo 95. A diferença desta escala resultante para a pentatônica menor está na 3M, na 4+ e na 7M.

Exemplo 93: pentatônica adaptada para o modo mixolídio

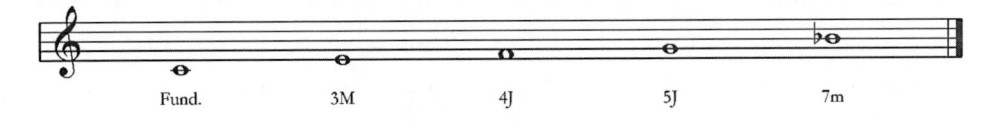

Fund. 3M 4J 5J 7m

Exemplo 94: pentatônica adaptada para o modo jônio

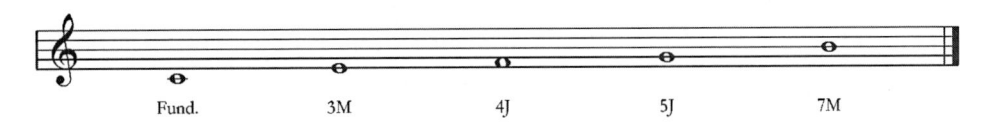

Fund. 3M 4J 5J 7M

Exemplo 95: pentatônica adaptada para o modo lídio

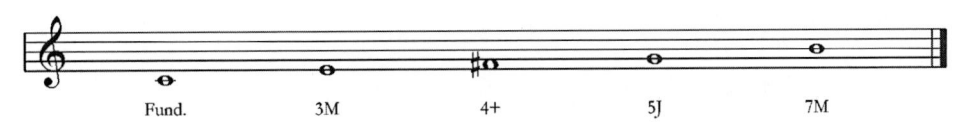

Fund. 3M 4+ 5J 7M

Veja que, nos três últimos exemplos citados, podemos encontrar segundas menores e trítonos. Portanto, essas possibilidades de escalas com cinco notas não se encaixam no esquema proposto inicialmente, em que foi citada a ausência de trítonos e semitons. Destacam-se aqui as possibilidades de adaptação que são muito maiores do que as mostradas nos três últimos exemplos. Podemos pensar em fazer adaptações a partir da pentatônica maior ou nas possibilidades de adequar uma pentatônica nos acordes provenientes do campo da menor melódica, por exemplo. Em suma, as possibilidades são muitas para aplicações e adaptações de pentatônicas.

17.1 Improvisando com escalas pentatônicas

A princípio, podemos citar as formas mais usuais e óbvias para a aplicação das pentatônicas citadas acima: a pentatônica maior pode ser aplicada em acordes maiores, que suportem os intervalos de sua estrutura, assim como a pentatônica menor costuma ser usada em acordes menores, cujo contexto permite o uso dos intervalos inerentes à sua configuração intervalar. O mesmo vale para todas as outras citadas – a pentatônica dominante, a menor com sexta maior ou as adaptadas aos modos lídio, jônio e mixolídio. Porém, as aplicações mais interessantes são as que envolvem o deslocamento da pentatônica com relação ao acorde onde a mesma será aplicada. Tal tipo de concepção pode trazer resultados bastante interessantes por enfatizar, em grande parte das vezes, o uso de notas consideradas tensas ao acorde. Vamos estudar algumas possibilidades para improvisação com pentatônicas em acordes maiores, menores, meio-diminutos e dominantes (de acordes maiores e menores). Um critério importante adotado aqui foi o de incluir o mínimo possível de notas evitadas. Os exemplos citados estão todos em Dó, mas devem ser consideradas as mesmas possibilidades para todos os outros tons. Repare que os intervalos descritos embaixo das escalas mostram o que cada nota da pentatônica representa para o acorde em questão e não os intervalos da pentatônica.

Exemplo 96: acordes maiores - C7M

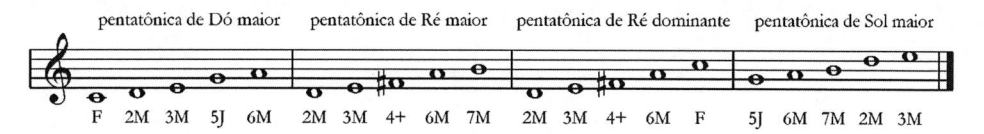

pentatônica de Dó maior: F 2M 3M 5J 6M
pentatônica de Ré maior: 2M 3M 4+ 6M 7M
pentatônica de Ré dominante: 2M 3M 4+ 6M F
pentatônica de Sol maior: 5J 6M 7M 2M 3M

Exemplo 97: acordes menores - Cm7

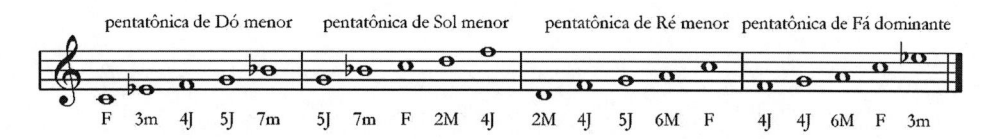

pentatônica de Dó menor: F 3m 4J 5J 7m
pentatônica de Sol menor: 5J 7m F 2M 4J
pentatônica de Ré menor: 2M 4J 5J 6M F
pentatônica de Fá dominante: 4J 4J 6M F 3m

Exemplo 98: acordes meio-diminutos – Cm7(5♭)

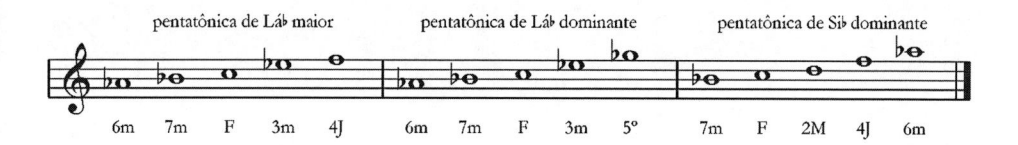

pentatônica de Láb maior: 6m 7m F 3m 4J
pentatônica de Láb dominante: 6m 7m F 3m 5°
pentatônica de Si♭ dominante: 7m F 2M 4J 6m

Exemplo 99: acordes dominantes (de acordes maiores) – C7/13/9

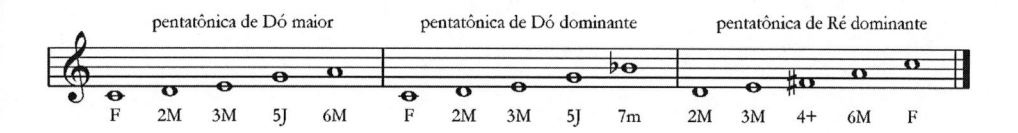

pentatônica de Dó maior: F 2M 3M 5J 6M
pentatônica de Dó dominante: F 2M 3M 5J 7m
pentatônica de Ré dominante: 2M 3M 4+ 6M F

Exemplo 100: acordes dominantes (de acordes menores) – C7/13♭/9♭

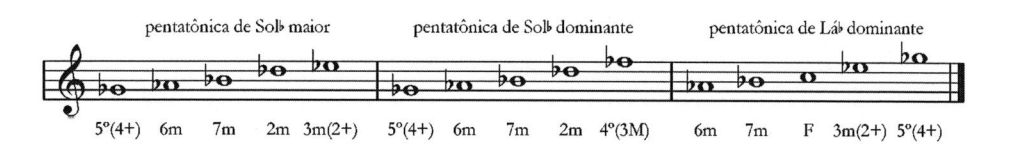

pentatônica de Sol♭ maior: 5°(4+) 6m 7m 2m 3m(2+)
pentatônica de Sol♭ dominante: 5°(4+) 6m 7m 2m 4°(3M)
pentatônica de Láb dominante: 6m 7m F 3m(2+) 5°(4+)

Repare nas enarmonizações indicadas: na pentatônica de Sol♭ Maior, por exemplo, a primeira nota representará uma 4+, que seria o Fá♯. Porém, o Sol♭ foi mantido para que a estrutura da pentatônica ficasse coerente internamente. O mesmo vale para todas as outras enarmonizações.

Capítulo 18

A ELABORAÇÃO DO IMPROVISO

Para uma construção mais coerente e musical de um solo ou improviso, devemos observar diversos aspectos, que podem ser técnicos, composicionais, ou que envolvam questões relacionadas ao estudo de melodias de outros compositores ou então dos solos de outros improvisadores. Apesar de o processo de criação ser obviamente distinto, é evidente que a elaboração coerente de uma composição possui muitos paralelos com a construção de um improviso ou solo, independente do instrumento onde o mesmo deva ser executado.

18.1 Os padrões de digitação

Grande parte dos guitarristas, quando vão improvisar, tem como referência somente os desenhos que as escalas e arpejos geram no braço da guitarra, dando pouca ou nenhuma importância para uma elaboração mais musical dos seus solos. Tal fato acontece, principalmente, por uma tendência (ou até uma tradição) de se visualizar os elementos musicais no braço somente através desses padrões lógicos, olhando pouco para os intervalos que uma determinada nota representa para um acorde e o seu respectivo resultado sobre este. Portanto, existem muitos outros elementos além dos desenhos das escalas e arpejos nos quais o guitarrista deve prestar atenção no momento da improvisação. O uso de padrões de digitação que, a princípio, pode servir como uma grande ferramenta para facilitar a visualização dos elementos musicais no braço do instrumento, pode acabar se tornando um limitador para o músico, a partir do momento em que deixa de estimular uma clara percepção de outros elementos que não tais desenhos gerados pelas diferentes estruturas das escalas. De uma maneira geral, uma abordagem escalística não costuma priorizar a construção de frases musicais, já que nos estudos de improvisação envolvendo escalas muitas vezes os saltos melódicos não constituem a parte mais essencial do trabalho. Portanto, ressaltar o uso de arpejos durante a improvisação certamente pode ser bastante enriquecedor neste sentido, já que o uso dos mesmos certamente acaba por evidenciar a construção de frases em detrimento do puro desenvolvimento de escalas.

18.2 Respiração e elaboração motívica

De início, deve-se sempre ressaltar a importância das respirações nas construções das frases que compõem um solo, assim como a necessidade da elaboração motívica do mesmo. Sendo a guitarra um instrumento em que o fôlego não é essencial (como seria para o saxofone ou para o clarinete, por exemplo), muito facilmente pode-se cair na tentação de não respirar em momento algum durante todo um solo. A pausa é de suma importância, pois evidencia a construção motívica e valoriza as frases, separando de forma mais clara os períodos musicais.

Quando se fala na elaboração motívica, pode-se, muitas vezes, pensar em aspectos composicionais. Para a elaboração de um motivo, não se trata somente de tocar uma estrutura melódica repetidas vezes, e sim criar pequenas variações para a mesma, mudando os seus intervalos, fazendo pequenas alterações rítmicas, mudando articulações e dinâmicas, entre muitos outros aspectos, de maneira que a idéia se desenvolva, mas continue sendo coerente consigo.

18.3 Estudo das melodias originais

Pode ser de grande valia para o improvisador observar esses elementos na construção das melodias dos temas das músicas e não somente nos solos de outros improvisadores. De alguma maneira, a melodia original deve ser o ponto de partida para um solo que pretende estabelecer boas relações com a mesma. Uma boa saída para que o solo tenha uma boa ligação com o tema da música é fazer com que o primeiro *chorus* de improviso (ou parte dele, pelo menos) seja construído basicamente de pequenas variações da melodia original, para que só depois o improvisador crie com total liberdade. Tal procedimento pode evitar aquela situação em que o tema da música é tocado somente por praxe no início e no fim da execução, apenas por tradição. Um recurso bastante utilizado por grandes improvisadores e que também pode ter efeito bastante interessante é citar pequenos fragmentos da melodia original durante o solo. É também de grande importância estudar diferentes formas de interpretação de uma mesma melodia, em vez de incluí-la no arranjo apenas por obrigação. De alguma maneira, como disse João Bosco certa vez numa entrevista televisiva, "o tema da música pode ser visto como a síntese de todo um improviso, se considerarmos de forma contrária aquele pensamento citado anteriormente que propõe que um solo que faça sentido deve se desenrolar a partir de pequenas variações da melodia inicial".

18.4 Estudo de solos e improvisos
Um ponto de muita relevância e que não pode deixar de ser citado, apesar de ser considerado apenas como um grande lugar-comum, é a importância para o guitarrista do estudo de solos e improvisos de outros instrumentistas, principalmente os que tocam instrumentos de sopro. Diferentes instrumentos, obviamente, trazem distintas dificuldades aos executantes. Uma frase composta e tocada no sax alto, por exemplo, terá dificuldades de articulação e dinâmica diferentes das existentes na guitarra. O mesmo pode ocorrer com certos tipos de transposições ou saltos melódicos, que podem transcorrer sem maiores problemas para um saxofonista e tornar-se um verdadeiro tormento para um guitarrista. Ressalta-se aqui que a situação inversa também pode ser bastante comum.

É fato que estudar um solo de um saxofonista ou pianista acaba por colocar o guitarrista em contato com dificuldades distintas das que ele pode ter tido contato estudando peças/solos/arranjos feitos especialmente para o seu instrumento.

Em suma, este texto não tem como objetivo traçar um único caminho para a elaboração de um bom improviso, o que seria bastante difícil, além de pretensioso, já que existem diversas formas de fazê-lo. Grandes solos de renomados guitarristas, tais como Pat Metheny, Heraldo do Monte, Joe Pass, Mike Stern, entre muitos e muitos outros, são construídos a partir de critérios completamente alheios aos discutidos aqui neste espaço. O que se pretende aqui, sem dúvida nenhuma, é chamar a atenção, especialmente do guitarrista iniciante que se interessa por improvisação, para o fato de que existem ferramentas musicais (e não só guitarrísticas, tais como bends, vibratos, sweep e afins) que podem ser de grande ajuda na elaboração de solos e improvisos.

18.5 O livro de Mick Goodrick

Teceremos aqui algumas considerações acerca de um livro que certamente é de grande interesse para a formação do instrumentista de cordas, o *Advancing guitarist*, de Mick Goodrick. Como sabemos, o autor é um guitarrista de muito renome, é professor da Berklee e já tocou, nos últimos trinta anos, com nomes como Pat Metheny, Charlie Haden, John Scofield, John Abercrombie, Dave Liebman e Joe Diorio, entre muitos outros. Embora seja um livro direcionado para guitarristas, o trabalho traz muitos conceitos que podem ser considerados essenciais também para violonistas e baixistas, por exemplo. O livro é dividido em três partes. Na primeira parte, o autor trata da maneira como os materiais musicais serão abordados no livro, falando de aspectos mecânicos relacionados à digitação, palhetada e posicionamento no braço do instrumento, entre outros assuntos. Na segunda parte, Goodrick trata dos diversos materiais utilizados, tais como tríades, tétrades, intervalos, tipos de acordes e escalas (simétricos ou não) e desenvolvimento motívico. Na conclusão, o autor faz uma série de comentários sobre a complexidade e o desenvolvimento da guitarra elétrica e de outras questões relacionadas ao universo musical. Como o próprio Mick Goodrick cita na introdução do livro, não se trata de um método de guitarra. É um livro que propõe dar um suporte técnico durante o processo de aprimoramento do guitarrista.

Esse subtópico sobre o livro justifica-se pelo fato de ele conter uma série de tópicos indispensáveis para a evolução do instrumentista de cordas.

Um dos conceitos mais importantes que Goodrick propõe é o de começar a improvisar numa corda só e somente depois com duas, depois com três. Muitas vezes, guitarristas iniciantes começam o estudo da improvisação diretamente pelos padrões que abrangem todas as cordas. Ao que tudo indica, essa forma de começar o estudo acaba por levar o guitarrista, no futuro, ao conhecido problema: como formar as frases, como encadear as idéias – especialmente em harmonias mais complexas, como em "Giant steps" (John Coltrane) ou "The sorcerer" (Miles Davis), entre outros exemplos. Quando recorremos aos padrões, especialmente nas situações de grande apuro, indo direto aos padrões nas 6 cordas, muitas vezes não enxergamos as conexões, diferenças e semelhanças entre os materiais com os quais estamos trabalhando e isso acaba, certamente, por prejudicar o resultado musical. E, certamente, tocar em poucas cordas, como Goodrick propõe nos exercícios do seu método, é de grande importância para um melhor entendimento das diversas lógicas do instrumento. Quando o autor fala sobre os modos gregorianos aplicados em apenas uma corda, por exemplo, leva o estudante a enxergar tais materiais de certos ângulos provavelmente não experimentados anteriormente, propondo também exercícios com o uso de dinâmicas, harmônicos e glissandos, entre outras ferramentas. E esse é um grande feito da abordagem do Goodrick, já que tenta solucionar, de maneira muito musical, um problema bastante sério na tradição didática da guitarra elétrica.

Uma questão muito importante abordada no trabalho de Goodrick é o estudo de contraponto, algo que é praticamente inexistente na grande maioria dos métodos de guitarra. Goodrick condidera quatro formatos para o estudo contrapontístico: o paralelo, que acontece quando as duas vozes se movimentam na mesma distância e na mesma direção; o similar, quando as duas vozes se movimentam em distâncias diferentes, porém, na mesma direção; o contrário, quando as vozes se movimentam em qualquer distância, porém, na direção oposta; e, finalmente, o oblíquo, que se dá quando uma voz se movimenta em qualquer distância enquanto a outra voz permanece parada. Separando dessa maneira as diferentes tipologias desta técnica e propondo, a partir disso, exercícios bastante eficazes, o autor preenche essa grande lacuna no estudo da guitarra, já que muitas vezes torna-se difícil para o guitarrista estabelecer relações claras entre o seu instrumento e a abordagem tradicional das espécies do contraponto, o que pode levar à falsa impressão de que essa técnica nada tem a acrescentar para o estudante de guitarra ou para a técnica de improvisação. Evidentemente, neste momento, não podemos deixar de citar o livro "Exercícios preliminares em contraponto", de Arnold Schoenberg, método este que é tido como uma referência das mais importantes no estudo da técnica contrapontística.

No trecho dedicado à formação dos diferentes tipos de acordes, podemos encontrar muitos exercícios e abordagens que tratam a questão de maneira bastante diferente da usual, que normalmente se pauta pelo ensino de padrões de digitações em detrimento da visualização das movimentações dos elementos internos dos acordes. Mick Goodrick propõe uma extensa lista de exercícios para que o leitor desenvolva uma abordagem "melódica" para uma determinada sequência harmônica, de maneira que o leitor acabe sendo estimulado a buscar caminhos mais próximos entre as vozes dos acordes para que as suas mudanças sejam feitas da maneira mais suave possível. Tal abordagem, além de obviamente ampliar o campo de visualização do instrumentista, certamente abre portas para muitas questões importantes dentro da harmonia e da teoria musical, e que muitas vezes acabam encontrando poucas linhas didáticas dentro da tradição do ensino de instrumentos de cordas, como, por exemplo, as técnicas para condução de vozes propostas por Arnold Schoenberg em seu *Tratado de harmonia*. Podemos encontrar também, nesse trecho, uma série de tópicos essenciais relacionados à harmonia quartal, inversões, acordes em posições abertas (*drops*), entre muitos outros assuntos importantes.

Na parte final de *Advancing guitarist*, certamente reside a mensagem que Goodrick quer passar, pois tratando de uma série de questões, tais como improvisação, tempo, técnica, metrônomo etc., o autor traz à tona uma série de questionamentos, como se estivesse perguntando para o seu leitor: "E agora?" "O que vem depois?" "O que você vai fazer com tudo isso aqui que eu estou propondo?".

Provavelmente, essa obra não é totalmente adequada para alunos iniciantes ou, talvez, não deva ser administrada sem outros complementos. Mas, sem sombra de dúvida, pode ser considerado um livro essencial para o instrumentista que se propõe como sério na sua profissão. Deve ser considerado obrigatório para professores que trabalham com guitarristas iniciantes, já que, certamente, a leitura desse trabalho acaba por levar o professor a questionamentos sobre as direções que são dadas pelo mesmo ao seu aluno iniciante, ou seja, quais as dificuldades que ele terá no futuro, partindo desta ou daquela abordagem.

Capítulo 19

CONCLUSÃO

Os resultados até aqui obtidos são parciais. Faz-se necessário, portanto, dar continuidade à pesquisa, a partir de outros diferentes pontos de vista que possam contribuir para o ensino de harmonia e de técnicas relacionadas à improvisação.

É essencial destacar que existem muitos outros assuntos relacionados com harmonia e improvisação, direta ou indiretamente, e que não foram citados neste livro, tais como rearmonização, substituição de determinados intervalos dentro de um acorde, diferentes critérios para condução das vozes internas da harmonia, acordes de sexta aumentada, acordes de sexta napolitana, ou mesmo aspectos mais diretamente relacionados com instrumentos de cordas, tais como arpejos e suas possíveis substituições e digitações, ou técnicas para a construção de linhas de *walking bass* e fraseado jazzístico. Além destas, podemos citar ainda diversas outras ferramentas musicais, como aproximações cromáticas e diatônicas, técnicas de harmonização em bloco ou técnicas contrapontísticas. Também devemos destacar uma infinidade de outros assuntos relacionados com técnicas de arranjo e orquestração, e que não foram comentados aqui.

Todavia, como citado na apresentação, o objetivo principal foi a elaboração de um guia para que o estudante de música possa se aprofundar com segurança em questões mais avançadas relacionadas ao desenvolvimento de técnicas de arranjo e improvisação. E, certamente, os tópicos que foram escolhidos para compor este método representam alicerces importantes para o alcance de tais objetivos com um amplo embasamento teórico-musical.

Relevante citar aqui também a importância de se transpor os exemplos mostrados para outros tons, para que o aluno possa visualizar as situações descritas de maneira mais clara e abrangente. Da mesma forma é também essencial que o aluno não se limite a entender apenas os exemplos musicais aqui analisados, mas veja nestes exemplos quais são as ferramentas necessárias para analisar uma peça musical, percebendo que as questões que devem ser discutidas não são somente harmônicas, mas também rítmicas e melódicas.

Outro ponto importante e que foi citado muitas vezes neste livro é o fato de que a análise melódica deve andar ao lado da construção do improviso e da análise harmônica de um tema. Observar quais são os elementos que determinado compositor utiliza na elaboração de suas melodias pode ser um excelente caminho para um entendimento mais claro de sua personalidade musical, além de, como mencionado na apresentação, excelente ferramenta para uma melhor compreensão da estruturação de solos e improvisos, já que estes nada mais são do que algumas das maneiras mais populares de trabalharmos com a composição musical.

Salientamos, portanto, a importância de se observar que tais elementos não estão somente nos temas mostrados aqui, mas também nas harmonias e melodias que o aluno tem de tocar por outros motivos que não o estudo de harmonia proposto neste livro. Devemos lembrar, por exemplo, que a função deste método é colocar o leitor em contato com temas e assuntos pouco abordados em cursos de música para iniciantes. Então, caso o estudante não conheça os temas analisados ou não faça idéia de para que servem os assuntos abordados aqui, este não deve se assustar. Deve tentar, antes de qualquer coisa, encarar o fato como uma oportunidade de conhecer novos materiais, o que certamente vai ampliar, e muito, os seus horizontes musicais.

REFERÊNCIAS

ALVES, L. *Escalas para improvisação – Em todos os tons para vários instrumentos*. 2ª ed. São Paulo: Irmãos Vitale, 1997.

BARASNEVICIUS, I. "Linguagem instrumental e improviso", in: Caderno de anotações de aulas com o prof. ZELI, (ms.). São Paulo: FAAM, 2001.

_____ . "Análise musical", in: Caderno de anotações de aulas com o prof. Abel Rocha, (ms.). São Paulo: FAAM, 2002.

BENJAMIN, T.; HORVIT, M.; NELSON, R. *Techniques and materials of tonal music – With an introduction to twentieth-century techniques*. 2ª ed. Boston: Houghton Mifflin, 1979.

BERENDT, J. E. *O jazz – Do rag ao rock*. Trad. Júlio Medaglia. São Paulo: Perspectiva, 1987.

CHEDIAK, A. *Harmonia & improvisação – 70 músicas harmonizadas e analisadas*. 16ª ed. vol. I. Rio de Janeiro: Lumiar, s/d.

_____ . *Harmonia & improvisação – 70 músicas harmonizadas e analisadas*. 10ª ed. vol. II. Rio de Janeiro: Lumiar, s/d.

_____ . *Bossa Nova*. Coleção Songbook. 2ª ed. revista e ampliada. Rio de Janeiro: Lumiar, s/d.

FARIA, N. *A arte da improvisação – Para todos os instrumentos*. Rio de Janeiro: Lumiar, 1991.

FORSYTH, C. *Orchestration – With 23 illustrations and 296 music examples*. New York: Dover Publications, 1982.

GOODRICK, M. *The advancing guitarist – Applying guitar concepts & techniques*. Milwaukee: Hal Leonard Publications, 1987.

GRIFFITHS, P. *A música moderna – Uma história concisa e ilustrada de Debussy a Boulez.* Trad. Thames e Hudson. Rio de Janeiro: Jorge Zahar, 1987.

GUEST, I. *Arranjo – Incluindo linguagem harmônica da música popular.* Rio de Janeiro: Lumiar, s/d.

_____ . *Arranjo – Incluindo técnicas especiais de sonoridade orquestral.* Rio de Janeiro: Lumiar, s/d.

KAHN. A. *Kind of blue – A história da obra-prima de Miles Davis.* Trad. Patrícia de Cia e Marcelo Orozco. São Paulo: Barracuda, 2007.

KOSTKA, S. & PAYNE, D. *Tonal harmony – With an introduction to twentieth-century music.* 4ª ed. Boston: McGraw-Hill, 1999.

REAL BOOK *The real book – Totally revised edition.* New York: The Realbook Press, 1978.

SCHOENBERG, *A Harmonia.* Tradução Marden Maluf. São Paulo: Ed. Unesp, 1999.

_____ . *Tratado de Armonía.* 6ª ed. Tradução e prólogo Ramon Barce. Madri: Real Musical, 1999.

_____ . *Structural functions of harmony.* Edição revista. New York: W. W. Norton & Company, 1969.

THE NEW REAL BOOK – *Jazz classics, choice standards, pop-fusion classics (created by musicians-for musicians).* Petaluma: Chuck Sher, 1988.

VÁRIOS AUTORES. *O melhor do choro brasileiro – 60 peças com melodia e cifras,* vol. 2. São Paulo: Irmãos Vitale, 1997.

Ivan Barasnevicius

O músico Ivan Barasnevicius é colunista e colaborador da revista *Cover Baixo* e gravou com as bandas Violent Hate, Cisma e Grooveria Brasil. Bacharel em música desde 2003 pela FAAM/FMU – SP, estudou com professores como Paulo Tiné, Zeli, Aida Machado, Marisa Ramirez, Orlando Mancini, Paola Picherzky e Abel Rocha. Entre 2003 e 2006 integrou a Orquestra Popular Brasileira, sob regência de Paulo Tiné, atuando como violonista e arranjador. Paralelamente às suas atividades acadêmicas, estudou arranjo com o trombonista Vittor Santos e também baixo elétrico com Nilton Wood.

Atualmente, é coordenador didático do Centro Musical Venegas Music, onde leciona guitarra, baixo elétrico, harmonia e improvisação desde 1995. Em 2006, teve seu método *Harmonia para contrabaixo* publicado pela editora HMP, sendo que o mesmo faz parte da coleção denominada *Toque de Mestre*. Ivan Barasnevicius é patrocinado pelas cordas SG e pelo luthier Renato Olivieri. Em 2007, começou as atividades do seu grupo de música instrumental, o Ivan Barasnevicius Quarteto.

Desde 2008 apresenta a "Venegas Music TV", um programa de entrevistas, workshops e shows com grandes músicos feito exclusivamente para a internet.

Contatos:
www.myspace.com/ivanbarasnevicius
www.ivanbarasnevicius.com
ivan@venegasmusic.com
+ 55 11 9757-4427
+ 55 11 2068-6638

Impressão e acabamento

psi7 | book7